社交与口才

在任何场合跟任何人都能聊得来

灵芝◎著

江西美术出版社
JIANGXI FINE ARTS PUBLISHING HOUSE

图书在版编目（CIP）数据

社交与口才 / 灵芝著 . -- 南昌：江西美术出版社，
2018.3
（时光新文库）
ISBN 978-7-5480-6012-3

Ⅰ. ①社… Ⅱ. ①灵… Ⅲ. ①心理交往②口才学
Ⅳ. ① C912.13 ② H019

中国版本图书馆 CIP 数据核字（2018）第 032570 号

出品人：周建森
企　　划：江西美术出版社北京分社（北京江美长风文化传播有限公司）
策　　划：北京兴盛乐书刊发行有限责任公司
责任编辑：王国栋　康紫苏　宗丽珍　朱鲁巍
版式设计：曹　敏
责任印制：谭　勋

社交与口才

作　　者：灵　芝

出　　版：江西美术出版社
社　　址：南昌市子安路 66 号江美大厦
网　　址：http://www.jxfinearts.com
电子信箱：jxms@jxfinearts.com
电　　话：010-82293750　　0791-86566124
邮　　编：330025
经　　销：全国新华书店
印　　刷：廊坊市华北石油华星印务有限公司
版　　次：2018 年 3 月第 1 版
印　　次：2018 年 3 月第 1 次印刷
开　　本：880mm×1280mm　1/32
印　　张：7
ＩＳＢＮ：978-7-5480-6012-3
定　　价：29.00 元

好人脉都是聊出来的

在人类社会存在一个类似血脉的系统，称之为人脉。人脉是人的社会生命支持系统，任何一个人要想做成大事，必须有做成大事的人脉网络和人脉支持系统。人脉就如同树脉一样，必须有根脉、枝脉、叶脉等源源不断的营养供应，最终才能成长为栋梁之才。可以这样说，人脉就是人最宝贵的资源和资本。

那么，如何积攒好人脉？那就需要社交，而社交需要好口才。没有哪个人天生就是一座孤岛，没有哪座孤岛能独自抵挡大海的风浪。好人脉是聊出来的。日常生活中，人们说的话多数都是维系人际关系的话，谁也不愿意与一个整天一言不发的人交往。每个人都有一座等待挖掘的金矿，丰富的人脉网络就是这座金矿，从中多发掘一个朋友就会为自己多带来一条财路。只要你善于开发，每一个人都有可能成为你的金矿。

多结交一个朋友，可以多为你带来一个财富机会，所以千万不要忽视和放弃与周围每个人建立良好人脉的机会。你所认识的每一个人都有可能成为你生命中的贵人，成为你事业中重要的支撑。在社交场所、在谈判桌上、在销售圈中、在演讲台前……只要有人的地方，就需要交流，就需要对话，就需要高超的讲话能力和卓越的口才。

口才，是人生一大法宝。古有使楚的晏子，口才不凡，挣回颜面；苏秦以雄辩之才挂起六国相印；张仪四处游说，建功立业；诸葛亮联吴抗曹，舌战群儒……到了近现代，也出了梁启超、孙中山、鲁迅、毛泽东、周恩来、闻一多等诸多能言善讲的口才巨擘。

大国元首在国际会议上慷慨陈词、掷地有声，口才的威力功不可没，口才体现了"说得出的能力，做得到的成就"。无怪乎，刘勰在《文心雕龙》中感叹："一言之辩重于九鼎之宝，三寸之舌强于百万之师。"有哲人说，眼睛可以容纳一个美丽的世界，而嘴巴则能创造一个精彩的世界。在现代交际中，口才就是生产力。有口就有财，会说就会赢。是否能说、会说，着实影响着一个人的财富积累与成败。

当你突然意识到自己笨嘴拙舌，并不是先天就有"赚钱"与

"成功"的潜质时，也没有必要感到懊恼。放心，财神爷并不会因此而不来眷顾你。相反，先天不足就后天来补，只要积极地进行口才方面的训练，假以时日，你也可以练就"金口玉言"的功夫，成为有"财"人，实现名利双收。

闻此，有人可能会不屑地说："哼，钱财、名誉，这些都是'身外之物'，追求它们的人，真俗……"但是，倘若关起门来，看着存折上不断攀高的数字，想着头顶上绚丽的荣耀光环，谁心里不窃喜呢？如果你想品尝这种窃喜的滋味，无"脱俗"之念，那么，请继续往下看吧。

人与人之间进行社会交往不仅仅是为了满足物质需求，更是为了满足精神的需要。物质上的满足可以让我们更好地生存下去，而精神上的满足则可以让我们与别人进行语言、思想、感情的交流，以求得互相了解、互相关心、互相支持、互相激励。只有这样，我们才会拥有一个幸福完整的人生。

从某种程度上说，你的社交圈子决定你是成功人士还是平凡人士。想想你的家人、亲戚和朋友们，他们是成功的还是平凡的。如果他们大部分是成功的，那么你将来成为成功人士的希望就大；如果大多是普普通通的人，那么你将来成为成功人士的可能性就小。因此，未来的你处于什么水平、属于哪个阶层，这些都取决于你的社交圈子。

美国第26任总统西奥多·罗斯福曾说过这样的话："成功的第一要素是懂得如何搞好人际关系。"美国哈佛大学商学院对成功者的调查结果是这样的：在事业有成的人士中，26%靠工作能力，5%靠家庭背景，而靠人际关系成功的则占69%。由此可知，人脉就是命脉，人脉决定财富，人脉决定成败！

良好的人际关系有助于你在工作中、职业生涯发展中占据主动地位，左右逢源。如果你拥有一个强大的人际关系网络，那就会比竞争者具有更多的资源优势。无论如何，构建好你的人际关系是你在这个社会生存的资本。

《社交与口才》用深入浅出的语言和精彩可读的生活案例向大家介绍社交与口才相关的知识，如怎样打入社交圈，几句话让人把你当知己，如何不开口也能让人喜欢你，如何一开口就能抓住人心，如何说话才算大方得体，如何在场面上说好场面话，怎样说话，任何人都愿意和你交朋友，等等。其中既有社交形象、社交礼仪的重要性，又涵盖社交技巧、应酬的艺术，可谓涉及社交与口才的方方面面。

总之，这本社交与口才的书，会让你在社会交际中从容不迫、应付自如，让你轻松积累自己的人脉，轻松过上自己想要的生活。

目 录
Contents

第三章　要"颜值"更要"言值"，不开口也能让人喜欢你

第四章　言之有理要有礼，一开口就能抓住人心

第一章

所谓好口才，就是跟任何人都能聊得来

君子不失足于人，不失色于人，不失口于人。

——《礼记》

跨越六度区隔，世界就在言语间

六度区隔理论（Six Degrees of Separation）又叫六度分离理论，意思是说：你和任何一个陌生人之间所间隔的人不会超过五个，即最多通过五个人你就能够认识世界上任何一个陌生人。根据这个理论，我们和世界上任何一个人之间只隔着五个人的距离，而不管对方身在哪个国度、属于哪类人种、天生哪种肤色、说的哪种语言。

六度分离理论由美国社会心理学家米尔格伦在1967年提出。该理论认为，在人际交往的脉络中，任意两个陌生人都可以通过"亲友的亲友"建立一定的联系，而要达到这个目的，二人之间最多只需通过五个朋友即可。这个理论一经提出，其看似简单却非常玄妙的理论立即引起了无数数学家、物理学家，以及电脑科学家们的关注，并开展了广泛的研究。

通过研究，人们发现世界上其他的网络也有着极相似的"六度分离"结构，例如商业联系网络结构、人类脑神经元结构、细胞内的分子交互作用网络结构、食物链结构等。

六度分离理论告诉我们，有时候看似不起眼的小数字，却可能蕴含着巨大的威力。如果把一张足够大的纸对折50次，它的高度能把你送到太阳的中心。

现代社会成员之间都可能通过"六度空间"而联系起来。任何两位素不相识的人通过一定的联系方式，总能够产生联系。你与某位成功人士建立了联系并不难，难的是你如何来维系这种联系。六度分离理论告诉我们：每个人都要充分相信和利用自己的人脉，并可通过合理的社交渠道巩固人脉、加强联系。这样，你才会赢得更多的机会。事实证明，任何一个社交场合，人们都青睐会说话的人。当然，说话的天才并不是天生的，而是从现实中锻炼出来的，俗话说"一分天才，九分努力"就是这个道理。人若没有良好的口才，是一件很可悲的事，就好像鸟儿没有羽翼一样，举步维艰。

我们生活中的每一天都离不开说话。说话，是人们交流思想、抒发情感的重要工具。大体上来说，会说话的人朋友多些，不会说话的人朋友少些。

然而，什么叫会说，什么叫不会说呢？口若悬河，滔滔不绝，出口成章，庄谐杂出，旁征博引，引经据典，固然是好口才。然而，语言学家王力说："泼妇骂街往往口若悬河，走江湖卖膏药的人，更能口若悬河，然而我们并不承认他们就等于会说话。"

还有人认为"巧编故事犹说真，欺世骗人不露色"便是会说话。然而，我们也看到了，那些人最后"聪明反被聪明误"，到头来，功夫用尽了，马脚也露出来了，最终还是落得个为人所唾弃的下场。

还有人认为，话既难说，那就少说为妙，"言多必失"，殊不知你越这样想越容易出错。因为不善说话的人，哪怕只说一句两句，也会让人讨厌的。这犹如不会写文章的人，才写四五句，已有三句是废话了，而文章高手，一部长篇，也很难见到可有可无的句子！

人生在世谁能无话？说话是人生中必不可少的事。会说话，可以让你结交更多的知心好友；会说话，可以让你在职场中游刃有余；会说话，可以让你在商战中轻松取胜；会说话，更会让你独具个人魅力。会说话，世界就在你的言语间。

【社交口才全知道】

要想获得自信心、勇气以及能力，以便在向人们发表谈话的同时能够冷静而清晰地讲话，就要保持如火山熔岩般的热情，并肆意释放出你潜在的能力。你一定要具有果敢的决心，并把这种决心转化为一个单词、一段讲话、一步行动，倾尽全身心地训练培养。

是什么制约了你的好口才

口才被称为当今世界的三大武器（核武器、互联网、口才）之一。可以肯定地说：是人才不一定有口才，但有口才的人一定是人才。

事实上，很多有才华的人因口才不好而与成功失之交臂，很多有思想的人因言语木讷而碌碌无为。那么，到底是什么制约了人的口才发展呢？我们先看一个真实案例：

美国著名的推销大师弗兰克·贝特格，经过多次预约终于见到了他推销生涯中的第一个名人客户：某汽车公司的所有者——休斯先生。

当弗兰克走进休斯先生那装饰豪华的办公室时，他居然紧张得全身发抖。过了好一会儿他才抑制住了发抖，但仍然紧张得不能说出一句完整的话。休斯先生看着他的这种表现，觉得很惊讶。

弗兰克结结巴巴地说："休斯先生……啊……我早就想来见您了……嗯……现在终于来了……啊，但是现在我很紧张，说不出话来。"

休斯先生很友善地对他说："不要紧张，放松一点，我年轻时也和你一样。"经过他的鼓励，弗兰克的心里渐渐地平静了，手脚不抖了，脑子也清楚了，会谈也最终得以顺利地进行下去。

从上述推销实例可以看出，这位推销大师在客户的办公室里产生了紧张情绪，以至于表达不清楚自己的意思，可以说是紧张、胆怯的心理制约了他的口才发挥。相信大多数人都有过类似经历，他们在面对朋友或熟人时往往能够谈笑自如、口若悬河，但是一旦面对生人或客户，尤其是那些看起来比较严肃、地位较高的人时，就不可避免地出现紧张、胆怯的心理。实际上这也是人的一种正常心理反应，尽管如此，你还是应该想方设法去战胜它，因为它是你成功路上的一个巨大障碍。当你消除了紧张、胆怯的心理时，心里的话就可以顺畅地表达出来。所以，在人际交往中克服制约口才发挥的因素，是练就好口才的基本出发点。

明明有好口才，却发挥不出来；明明有着非常清晰的思路，在关键时刻却又语无伦次，这是很多人在交际中都会遇到的。因此，要清除这些阻碍口才发挥的障碍，也就显得非常重要了。

通常情况下，制约口才发挥作用的因素大致有以下几种：

1. 缺乏自信心

自信心是成就事业的基础，"有了自信，未必能够成功。但如果没有自信，就一定不会成功。"所以，一个没有自信心的人，是永远也不会取得成功的。

对于在社会上打拼的你，自信心的重要性就更加突出了，一个不自信的人不可能在与人交往中受到别人的喜欢和尊重，也就不能取得良好的成就。因为在与人的沟通中，每一句话都是你内心的真实写照，如果你缺乏信心，对方会很容易从言谈中发现一些端倪。如果总是在想"我这次会不会被拒绝""我说得是否正确"等，那还能把想要表达的意思流畅地表达出来吗？

因此，你要甩掉自卑，建立自信，进行积极的自我暗示、自我激励，大胆地表达与展现自己，这是一个成功人士迈出的第一步。

2. 紧张和胆怯心理

不少人在向别人表达自己的观点之前，往往会非常紧张、害怕，结果想说的话说不出来。因而也就无法与人进行顺利的沟通。所以，克服紧张情绪，是在开口之前首先要解决的问题。

在现实沟通中，可能有很多原因都会让你感到紧张，我们需要做的是应该想方设法最大限度地减少这种紧张，这是双方进行有效沟通的一个前提条件。消除紧张情绪的方法和技巧有很多，其中最关键的就是要端正自己的心态，在见到生人或客户之前，不妨在心里暗示自己：对方也许非常和蔼，况且即便不是这样的话，那他也只不过是一个和其他人一样的普通人，我又有什么好紧张的呢？另外，也可以在见面之前做几次深呼吸，每次坚持两三秒的时间，然后再重复几次。这样，就能够有效地调整自己的心态，缓解自己的紧张情绪。

3. 无法控制自己的情绪

对每个人来说，缺乏对自己情绪的控制都是最具破坏性的制约口才发挥的因素。试想一下，如果别人说了几句不中听的话，你就立即针锋相对地用类似的话对其进行反击，那么结局也就在预料之中了。

因此，在与人沟通中一定要记住：学会克制，控制好自己的情绪。作为社会的一分子，我们每天都要接触到形形色色的人，他们的性格、脾气各有不同，对那些让人感觉很不舒服的人，你完全不必和他们一般见识，也不必将他们的一些过激言行放在心上。只有当你控制好自己的情绪，保持一种稳定的心态，才能做到心平气和、头脑冷静。

4. 信息量不够丰富

有很多人在和别人交流的时候找不到话题，不知道说什么好，这就是平时的知识量、信息量不足的缘故。知识量、信息量的匮乏，也是制约口才发挥、阻碍正常沟通的一个因素，因为不管你对别人谈什么，首先要"言之有物"。

因此，要想成为一名口才好的人，除了尽可能多地了解外界信息，还应该多关心时事，了解社会热点和一些最新情况，如通过读书、网络、手机平台等途径来丰富自己的知识。

总之一句话：想要有好口才，就要消除制约口才发展的要素，平时坚持不懈地不断积累。

不畏惧、不怯场，不卑不亢，言之有物，做到这几点，你的语言表达能力就向前迈了一大步。

【社交口才全知道】

谈话要选择容易引起对方兴趣的话题，这样有利于创造一个轻松活跃的谈话氛围，使交谈得以深入。一般而言，以下几种话题，容易引起大家的谈话兴趣：

与谈话者自身利益密切相关的话题；

与谈话者兴趣、角色相关的话题；

具有权威隐秘性的话题；

新奇的话题；

某些特殊的话题。

好口才必备的心理素质

以口才素质和需要来说，口才家的心理素质训练和培养包含很多方面的因素，我们择其要者介绍三个方面：自信力、自控力、自强心。

1. 自信力

我们以演讲为例，有些自信心弱的演讲者，在一次演讲中遇到失败，就一蹶不振，形成自卑和压抑心理，这对演讲是很不利的。其实，对演讲中的有利和不利条件应该辩证地看待并做具体的分析。

有的演讲者常常为自己的容貌、服饰、年龄、性别而惴惴不安，有的演讲者以自己的职业"不高尚"自惭形秽，有的演讲者为自己演讲的内容过于平淡而认定难以成功，有的演讲者又以听众的文化教养、理论素质、欣赏水平不高或过高而感到忧虑、畏惧，等等。

其实，有些不利因素，只要演讲者能够正确对待，想方设法加以改进，是可以变不利因素为有利因素的，大可不必把问题看得过于严重。特别是一些客观因素造成的不利条件，即使对演讲造成了某些干扰，听众也是可以理解的，演讲者完全可以放下思想包袱，全身心地投入到实际演讲上去，不要为一些小事影响了自己水平的发挥。

《演讲与口才》杂志上曾登载了这样一篇文章：

一位专科院校的在校女生，有一回接到同学的电话，问她愿不愿意做"家教"。她很惊奇，以为是天方夜谭，疑惑地问："我能行吗？"同学说："行不行，你去试试看嘛。"被教的是个初中女生，智力稍弱，经她一段时间的细心辅导，学习有了明显进步，不久又参加了"高中—大学"的一体化考试，结果初试告捷，顺利进入复试。初中生的家长很高兴，对女儿说："能考上一体化，多亏了这位小教师，往后啥时候也不能忘了你的启蒙教师。"这位女生方才惊喜地发现自己的家教才能。由此她找到了自信，勇气倍增，毕业后也打算不要包分配，自己去南方闯闯。

放弃实践，不敢试验，自信就找不到基石与支点；抓住机会，投入你的实践，找到的不只是自信，还有你人生的起跑线。

2. 自控力

自控是使人们的智慧保持高效和再生的条件。因为只有在头脑冷静的情况下，人们才能迅速认准并抑制引起消极心理的有关因素，同时认准和激发引起消极心理的有关因素。

例如，社交中演讲者在遇到听众不愿听或提出责难的情况下，要想对恐慌和不满情绪加以抑制，就只有通过冷静的分析，找到真正的原因是在听众方面还是在自己方面，具体原因是什么。脑子不冷静，不知道怎样控制自己，就发现不了问题，场面就会失控。所以，不论出现什么情况，口语交际中首先需要的是沉稳、冷静。

英国首相威尔逊在一次群众大会上演讲时，反对者在下面鼓噪，其中一人高声大骂："狗屎！垃圾！"面对听众可能产生的误解和骚动，威尔逊首相沉稳地报以宽厚的微笑，非常严肃地举起双手表示赞同，说："这位先生说得好，我们一会儿就要讨论你特别感兴趣的脏乱问题了。"捣乱分子顿时哑口无言，听众则报以热烈的掌声。

当众讲话前，发言者不可能预料到讲话过程中会出现何种变故，如果没有一定的自控能力，往往自乱阵脚。同时一句话说出去，在听众中也可能会激起不同的反响，甚至有的反响会大大出乎意料，如果这时不能控制好自己的情绪或不能很好地把握局面，情况可能会越来越糟，越来越有失自己的水平。所以，在说话时，是否具备一定的控制能力，也是衡量一个人说话水平的标志。

自控能力指的是说话者在整个说话活动中能够自觉、灵活控制自己的情绪，约束自己言辞的能力。当众讲话是一种复杂的精神活动，受心理的支配和制约。该不该说、怎样说、何时起始、出现意外如何应对等，能不能自我控制，直接影响着当众讲话的效果。

自控力与一个人的心理素质密切相关，所以要结合前面所述心理素质一节加以培养。这种基本能力有两方面作用：一方面，可以消除说话者害羞、恐惧、不敢说或不敢大胆说的情绪；另一方面，可以保证说话者在遭遇意外之时，情感不致大幅度波动而造成言辞的失误。

3. 自强心

自强对于一个说话高手来说，主要表现为不怕失败，不怕打击和挫折，敢于和善于从口语交际失败中一次次崛起、从挫折中一次次挺直腰杆走上讲台，有意识地在顺境、逆境、胜利、失败等各种情境中经受锻炼和考验，以此来培养自己坚强的忍性。

古代的思想家孟子说过："天将降大任于斯人也，必先苦其心志，劳其筋骨，饿其体肤，空乏其身，行拂乱其所为，所以动心忍性，增益其所不能。"宋代大文豪苏轼也说："古之所谓豪杰之士，必有过人之节，人情有所不能忍者。匹夫见辱，拔剑而起，挺身而斗，此不足为勇也。天下有不勇者，猝然临之而不惊，无故加之而不怒；此其所持者甚大，而其志甚远也。"

这些古训，对于人们今天训练意志和坚强品德，仍有很大的借鉴意义。

培养自强不息的精神，关键要正确地看待失败、一次失败是人生的一杯苦酒，但不是人生的彻底失败。一个人难免会有失败的时候，只要他不甘于失败、不气馁，以积极的态度分析原因，吸取教训，坚持不懈地讲下去，就会从失败走向成功。

法国思想家蒙田说过："最勇敢的人有时是最不幸的人，因此就有傲然抗衡胜利的意气扬扬的失败。"

戴尔·卡耐基说："一个人要善于从失败中培养成功。障碍和失败，是通往成功的两块最稳靠的踏脚石。若肯研究它们、利用它们，便没有别的因素更能对一个人发挥作用。且回头看看，难道你不见失败在那里帮助过你吗？"他还说，"是失败使骨头紧硬，是失败化软骨为肌肉，是失败使人不可征服。"

这些话对人们培养自己的自强心理，是很有启发的。

【社交口才全知道】

当交谈开始的时候，我们不妨谈谈天气，而天气几乎是中外人士最常用的普遍话题。天气对于人们的生活影响太密切了，天气很好，不妨同声赞美；天气太热，也不妨交换一下彼此的苦恼；如果有什么台风、暴雨或是季节流行病的消息，更值得拿出来谈谈，因为那是人人都关心的问题。

克服自卑是有效社交的第一步

在一个人的成长过程中，自卑感总是不同程度地存在着。奥地利著名心理学家阿德勒认为，自卑感起源于幼年时期的无能而产生的不信任、不自信、胆怯和痛苦的感觉。从普通心理学上说，自卑感一般指个人由于某些生理缺陷或心理缺陷及其他原因如智力、记忆力、判断力、气质、性格、技能等欠缺而产生的轻视自己，认为自己在某个方面或几个方面不如他人的心理。自卑心理容易使人孤独、离群，抑制自信心和荣誉感。当人的某种能力缺陷受到周围人们的轻视、嘲笑或侮辱时，这种自卑心理往往会大大加强，甚至以畸形的形式如嫉妒、暴怒、自欺欺人等方式表现出来。

调节和克服自卑感首先要培养自我意识。即通过直接和间接的自我认识，进而对自己心理和身体特征的研究而形成自我意识；或者通过自我监督和自我教育而形成自我意识等。其次要自我强化，即通过自己的行为结果来控制自己的行为。

古希腊的演讲家德摩西尼从小有口吃的毛病，而且讲话时姿态也不好，老是一个肩高一个肩低，还爱不停地耸动。在崇尚口才的古希腊，像他这样的自然条件要成为一个出类拔萃的演讲家是很困难的。因而他十分苦恼，心中亦有很强的自卑感。不过，他并不气馁，更没有被自卑所压垮。相反，他以超常的毅力和吃苦精神进行刻苦训练——每天清晨站在海边口含石子练习演讲。回到家中在两肩的上方悬挂两柄利剑，对着一面镜子接着练习演讲，以避免两肩抖动。就这样，德摩西尼终于练就了一口滔滔不绝的好口才，名列古希腊"十大演讲者"之首。

最后要进行自我暗示和自我激励，即不断在心里提醒自己不要自卑，要相信自己行，且不比别人差。纵使是处于不利的地位，也要鼓励自己增强自信。

人都有羞怯感，在某些交际场合中，由于各种原因"羞于启齿"是很正常的。但是社交活动中，说话是人们传情达意、交流思想的手段，如果"羞于启齿"就会造成交际障碍。

美国的一个心理调查表明，在宴会上与陌生人相处时，有四分之三的成年人会感到局促不安，至于在一些演讲场合，由于羞怯心理造成的演讲失败更是屡见不鲜。所以，我们不能因为说话时的羞怯感是正常的心理现象，而任其发展。

只有克服交谈时羞怯的心理障碍，说话才能轻松自然，达到自己想要的效果。为此，首先要提高认识水平，克服"无知"，勤于说话训练和实践，不断总结经验，保持心理平衡；其次要进行自我暗示，不断鼓励自己增强自信。另外，还要精心准备。林肯说："即使是有实力的人，若缺乏周全准备，也无法做有系统、有条理的演说。"由此可见，只有精心准备才能胸有成竹。

有一位英国演讲新手要去向一群教养水平很高的听众讲话，尽管他做了很充分的准备，但还是不放心，就去请教英国著名的演讲大师法拉第先生什么是听众已经知道了的东西。法拉第干脆利索地回答道："他们一无所知！"

【社交口才全知道】

人在交流中都愿意聊彼此感兴趣的话题。一般人饶有兴趣的话题包括夏天谈游泳，冬天谈溜冰，其他如足球、羽毛球、篮球、乒乓球等，都能引起人们普遍的兴趣。娱乐方面，像影视、明星事件、美食、旅游，怎样安排假期的节目，等等。

把握说话语气，为你的"言值"加分

我们在日常说话中，只要重视并运用语调抑扬顿挫的变化，即使是抽象枯燥的内容也能讲得娓娓动听，牢牢吸引住听众；如果不善于运用语调变化，古板平淡得很，即使是生动有趣的内容，也会讲得单调平淡，使听众昏昏欲睡。讲话要让人接受，首先要做到发音清楚，吐字清晰。清楚的发音可以依赖平时的练习，倾听别人的谈话、朗读书报、多听收音机广播，这些均对正确的发音有迅速地帮助。

如何掌握驾驭语调的技能技巧，以便能淋漓尽致地表达思想感情，增强说话效果呢？

1. 停顿与连接

说话中的停顿与连接是为表达语句的意义和层次、思想和情感服务的，并不完全受标点符号的制约。没有标点符号的地方，有时需要停顿；有标点符号的地方，有时则要连接。这一点应该牢记，但也不能生搬硬套。

停顿与连接在说话中起着重要的表情达意的作用，主要意义在于以下六点：

（1）保证语意清晰、明确，不使听者产生误会；

（2）强调重点，加深印象；

（3）并列分合，使内容完整；

（4）造成转折呼应；

（5）体现思考判断，给听众的领悟提供依据和时间；

（6）造成意境，令人回味想象。

2.重音

重音可分为语法重音和强调重音。语法重音是显示语句语法结构的，位置比较固定，有一定的规律。强调重音可分为逻辑重音和感情重音。感情重音强调某种特殊的感情，如表露喜、怒、好、恶等所使用的重音。逻辑重音是能突出语句目的、体现逻辑关系、点染感情色彩的关键词句，其具体表现较为复杂，应根据内容予以区分并把握。重音需在非重音的环境中存在并采取适当的方法加以突出，二者必须有机地衔接和过渡，做到和谐、统一。

在表达时，重音一般是重读，但也可根据不同的语言环境选择相应的语音变化来突出重音，如压抑气息用轻声或低声表达，用短促有力的声音表达，用拖长的声音表达等，都可以显示重音并实现言语目的。

在言语交锋中，有时可以利用重音技巧摆脱对方所设计的圈套，取得有利地位，同时也陷对方于尴尬境地。例如：

一天，林肯低着头在擦自己的靴子，有位外国外交官看见，便嘲讽道："喂，总统先生，你经常擦自己的靴子吗？"

"是啊，"林肯答道，"你是擦谁的靴子呢？"

林肯一句话就转移了对方说话的重音，使自己脱离被嘲弄的境地，而陷对方于尴尬之中。

3. 快慢

快慢指的是说话的速度变化。在这里，快和慢是相对来讲的。

说话速度的快慢，与交际目的、表达内容、环境气氛、心境情绪有关。一般说来，说明叙述时，语速稍快；抒情议论时，语速稍慢。紧张热烈时，语速稍快；在幽静庄重或沉闷凄凉的气氛中，语速稍慢。心情激动时，语速较快；心情平静或忧伤时，语速较慢。说话速度的快慢还与人物的年龄、身份、性格有关。一般来说，年轻人说话语速较快，老年人则相对慢些；地位较低或身份一般的人说话要快些，职位较高或身份显赫的人则相对慢些；活泼开朗、机智勇敢或鲁莽急躁、狡猾奸诈的人说话要快些，憨厚老成、沉着镇静或愚钝迟缓的人说话就慢些。

语速变化是表情达意的一种重要手段。速度快，会使人感到急促、紧张；速度慢，会使人感到安闲、平静。恰当地运用语速的变化并结合其他言语技巧，可以渲染场景，烘托气氛，增强言语的节奏和气势，产生巨大的艺术感染力。

4. 升降

人在说话时，声带拉紧，声音就升高；声带放松，声音就降低。语调的这种高低抑扬变化，就是升降。人在说话中，同一语句的高低升降变化不同，所表达的思想感情和内容也就不同。试体会一下"我怕你"这句话因高低升降不同所产生的不同感情与内容。

语调的升降变化贯穿于整个语句，但在句末表现得最明显。它可分为高升、降抑、平直和曲折四种类型。

高升调——句子语势逐渐由低到高。一般表示惊讶、疑问、反诘、呼唤、号召等。例如：

（1）冬天来了，春天还会远吗？↑表反诘。

（2）我们一定要把经济搞上去。↑表号召。

降抑调——句子语势先高后低，逐渐下降，句末低而短。一般表示肯定、恳求、感叹、自信、允许、祝愿等。例如：

（1）我相信我们一定能成功。↓表示肯定自信。

（2）你瞧，多美的彩虹啊！↓表赞叹。

平直调——整个句子语势平稳、舒缓，没有明显的高低、升降变化。一般用来叙述、说明、解释，表示庄重、严肃、冷淡、迟疑、悼念等。例如：

（1）他是一个很不错的人，心地善良，乐于助人。→表叙述。

（2）一根火柴可以毁掉整个森林。→表严肃。

曲折调——全句语势曲折变化，或先升后降，或先降后升，句末尾音特别加重、拖长并造成曲折。一般用来表示夸张、讽刺、幽默、嘲弄等。例如：

（1）他是很好，好得连说谎都有人谅解。↗表嘲弄。

（2）你是一个人，一个脱离了低级趣味的人。↗表讽刺。

【社交口才全知道】

每个人都有自己的特长或者是兴趣和爱好，而每个人都对自己的特长有一定程度的关心。

只要我们在与人交往中用心去观察，就很容易发现对方的长处，而在与之闲谈时投其所好，让对方因此很快对你这个人感兴趣，从而轻轻推开交谈的大门。

用心倾听，别人才愿和你聊

在社交场上，你时常可以看到你的一个朋友和另外一个不认识的人聊得起劲，此时，你可能就会有加入进去的想法。

因为你不知道他们的话题是什么，却贸然加入，可能会令他们觉得不自然，也许话题因此接不下去了。更糟的是，也许他们正在进行一项重大的谈判，却由于你的加入使他们无法再集中思想从而失去了这笔交易；或许他们正在热烈讨论，苦苦思索如何解决一个难题，正当这个关键时刻，由于你的插话，也许会导致对他们有利的解决办法告吹，从而使气氛转为尴尬而无法收拾。

此时，大家一定会觉得你没有礼貌，进而厌恶你，导致你社交的失败。因此，学会倾听才是聊天的前提。

假设一个人正讲得兴致勃勃时，你突然插嘴："喂，这是你在昨天看到的事吧？"说话的那个人因为你打断他说话，绝对不会对你有好感，很可能其他人也不会对你有好感。

许多不懂礼貌的人总是在别人谈着某件事的时候，或是在别人说到高兴处时，冷不丁地半路杀进来，让人猝不及防。这种人不会预先告诉你他要插话了，而是不管你说的是什么，硬将话题转移到自己感兴趣的方面去，或者是把你的结论代为说出，以此炫耀自己的口才。无论是哪种情况，都会让说话的人顿生厌恶之感，因为随便打断别人说话的人根本就不知道如何尊重别人。

培根曾说："打断别人，乱插嘴的人，甚至比发言者更令人讨厌。"打断别人说话是一种最无礼的行为。

有一个老板正与几个客户谈生意，谈得差不多的时候，老板的一位朋友来了。这位朋友进来就说："哇，我刚才在大街上看了一个大热闹……"接着就说开了。老板示意他不要说，而他却说得津津有味。客户见谈生意的话题被打乱，就对老板说："你先跟你的朋友谈吧，我们改天再来。"客户说完就走了。

　　老板的这位朋友乱插话，搅了老板的一笔大生意，让老板很是恼火。随便打断别人说话或中途插话，是有失礼貌的行为，但有些人却存在着这样的陋习，结果往往在不经意之间就破坏了自己的人际关系。

　　每个人都会有情不自禁地想表达自己想法的愿望，但如果不去了解别人的感受，不分场合与时机就去打断别人说话或抢接别人的话头，这样不但会扰乱别人的思路，引起对方的不快，有时甚至会产生误会。

　　如果你同别人谈话，对方谈起你不懂的内容或不感兴趣的话题，你可以说："我上次已同某人谈起过这件事……"这样，就可以说另一个新话题了。

　　原则上，只要你对每一件事都具有强烈的好奇心，那就不会有你不感兴趣的话题出现。

　　有时，一些你本来不感兴趣的话题，也会带给你意外的收获，使你受益匪浅。这也就是说，与人交谈，除了能带来兴趣，还能增长自己的见识。有了这种想法，在你的世界里，应该不再有你不感兴趣的话题存在了。与呆板的人交谈时，只要你多花一点心思去注意他，也会发现很有趣的地方。还有从老年人、父母、上司等的谈话中，也往往可以得到丰硕的收获。现代人都具有强烈的反抗意识，往往将父母的话置之脑后，实在是很可惜。

请捺下性子，好好地听一次，你会发现很有趣、很有用的一面。听完后，你若觉得有必要批评，再去批评也不迟。批评和聆听是两回事。如果话题总是局限于流行的服饰、时代潮流等，那你怎么能成为会话的高手？又怎能成为受人欢迎的人？

如果有人问，21世纪高素质的人才应该具备什么样的才能，很多人都会答："口才。"换个角度讲，这个世纪同样需要"听才"。可以说，会说话首先要会听话，要想提高"口才"，必须要提高"听才"。要积极主动，持之以恒地形成听人说话的良好习惯，相信你一定可以获得更多的收获。

【社交口才全知道】

要获得好人缘，让别人喜欢你、接纳你，就必须根除随便打断别人说话的陋习，在别人说话时千万不要插嘴，并做到以下几点：不用不相关的话题打断别人说话，不用无意义的评论打断别人说话，不抢着替别人说话，不急于帮助别人讲完事情，不为争论小事情而打断别人的话题。

社交小贴士：如何消除说话时的恐惧感

有人在与陌生人谈话时，有一种恐惧感，消除的方法如下：

1. 说话前先做深呼吸。这样既可以缓和心跳速度，也可以减少焦虑。

2. 留意一下你周围的东西。要讲话之前，先摆好大纲，整理一下讲桌，这样你就不会太注意自己。

3. 要成竹在胸。你只要想象自己会成功，那你就可能真的成功。

4. 说话之前，避免喝咖啡或茶之类的刺激物。这些东西只会使你更紧张。

5. 对你要接触的人先要有所了解。你若去求职面试，就该先了解公司的一些基本情况。如果你是要跟某人约会，就要先找出对方的兴趣所在。比如，对方爱看棒球，你就买两张票邀他去看。他看得愉快，你也比较敢道出你心里的话。

第二章

打入社交圈，几句话让人把你当知己

成功来自于 85% 的人脉关系，15% 的专业知识。

——卡耐基

结识一个陌生人，进阶一个圈子

圈子决定人生，你接近什么样的人，就会有怎样的人生。古人云："近朱者赤，近墨者黑。"牌友只会催你打牌，酒友只会催你干杯。而靠谱的人，总会激励你进步；人生最大的幸运是有人可以鼓励你、指引你、帮助你；所谓的贵人，也许并不能直接给你带来利益，但却可以开拓你的眼界，给你勇气和力量。

在任何一个社交场合，人与人之间都是从最初的陌生逐渐走向熟悉的。往往一个人的成功，最得益的人就是最初的陌生人。一个深谙社交之道的人，总能想办法把陌生人变成自己的贵人。

在我国传统观念里，多数时候被告诫"不要和陌生人说话""逢人三分好，全心不可抛""话到嘴边留三分"……这些观念在自我防范方面虽然有一定的道理，但也有很大的弊端，那就是将陌生人拒之门外。事实上，此举正是扩大人际关系网的最大障碍。也正是由于多数人都怀有这样的心理，造成了人与人之间产生了不同的隔阂。事实证明，真正聪明的人，总是能把陌生人变成生命中的贵人，获得不同的思想碰撞和灵感，赢得获益终生的好人缘，从而在迈向成功之路的途中少犯错误、少走弯路。

在当今时代，每个人都会和形形色色的陌生人打交道。所谓陌生人，即那种萍水相逢或有过一面之缘的人。当彼此还不熟悉，该如何去了解对方的心思、性格以及为人处世态度呢？我们可以通过对方的仪容仪表、五官面相、言谈举止等细节来洞悉人心。

在你与陌生人接触之前，对其并不了解。但因其某种物质或因共同的兴趣爱好等而让彼此走近。随着交往的深入，感情也越发融洽和深厚。慢慢地，你就有机会走进他的社交圈，进而结识更多的不同圈子里的人。很可能，你得遇一个贵人，就成就了你的一生。

那么，如何与陌生人交往，并让交往持续下去呢？设想，你正在参加某个社交场合的活动，你很想和陌生人建立交往，并获取成功。那么，接下来你需要做的就是勇敢地走向他，不卑不亢，以期待的目光注视对方的讲话，只带浅浅的微笑和不时的目光接触。这是社交场合最常用的比较温和而有效的方式。

如果你想了解一个陌生人，你可以透过对方视线的活动看其心理状态。因为，眼睛是心灵的窗户，人的视线活动方式会直接反映人的心态。一般认为，目不转睛地注视对方谈话的人较为诚实。但不一定是自始至终盯着不放。

相反，视线的移开，其情况又如何呢？初次见面时，先移开视线者，其性格较为主动。另外，谈话中，有意处于优势地位的人，认为一个人是否能占在上风，在最初的30秒即能决定。当视线接触时，先移开眼光的人，就是胜利者。相反，因对方移开视线而耿耿于怀的人，就可能胡思乱想，以为对方嫌弃自己，因此，在无形中对对方的视线有了介意，而完全受对方的牵制了。正因为如此，对于初次见面就不集中视线跟你谈话的挑战型对象，应特别小心应付。不过，同样是撇开视线的行为，如果是在受人注意时才移开视线，那又另当别论了。当我们心中有愧疚，或有所隐瞒时，有人会产生这种现象。

一位名叫詹姆士·薛农的建筑家，曾经画过一幅皱着眉头的眼睛抽象画，镶于大透明板上，然后悬挂在几家商店前，其原意是想借此减少偷窃行为。果然，在挂画期间，偷窃率大大减少。这幅抽象画虽然并不是真正的眼睛，但对那些做贼心虚的人来说，却构成了威胁。他们极力想避开该视线，以免有被盯梢的感觉，因此，便不敢进商店内，即使走进商店里，也不敢行窃了。

在交往活动中，眼睛位置移动情况的不同，其心态也大不相同。譬如，当上级与下级讨论工作时，上级的视线肯定会由高处发出，而且会很自然地直接投射下来。反之，作为下级，虽然并未做任何错事，但视线却常常由下而上，而且往往显得软弱无力。这是由于职位高的人，总是希望对下级保持其威严的心理作用。但也有例外，这与职位高低无关，而是性格原因使然。一般来说，在交往时，性格内向的人容易移开视线。

在与陌生人交往过程中，很多人都有这样的认知误区，他们认为在一次旅途中相识的朋友不太可能成为自己生活中的朋友，更有人虽然和陌生人相谈甚欢，却随着两人的分手而宣告终结，成为"一过性知己"。

在社交场合，不知有多少人说着言不由衷的话，做着逢场作戏的事，他们尽管表情很丰富，言谈很热情，说说笑笑好不热闹，但你却要仔细甄别，避免遇人不淑，给自己惹麻烦。因此，在与陌生人的交往中，除了必备的客套和寒暄，还要定期对陌生人加以梳理和鉴别，及时剔除那些泛泛之友。一旦遇人不淑，就要及时断绝往来，毕竟人心叵测，防范之心还是要随时都有。

佛家有云："同船过渡，五百年修。"意思是说，茫茫人海，大千世界，得以相遇，那是前世修来的缘分。人的一生难得几个真正的知己，萍水相逢成知己的更是少之又少。人们也时常慨叹"山中石多真玉少，世上人稠知音稀"，那么为何不珍惜难得的缘分，努力创造下次相见的可能呢？

因此，只要你用心经营，陌生人也将成为你生命中的贵人。

【社交口才全知道】

如何读懂陌生人？主要做要如下几点：整观对方的衣着打扮，观察对方的眼神，细察对方的肢体语言，观察对方的小动作，了解对方的兴趣爱好，识别陌生人的话外音。此外还要注意，要尽量不留痕迹地观察对方，以免被发现而生尴尬。

结交成功人士，放弃无意义的圈子

现代人似乎都感到生活压力大、应酬多，尤其是工作、生活在一线城市的人们更是深有感触。除了工作还要应酬，似乎每天都早出晚归忙忙碌碌。可是，你是否想过你所有的应酬是否都有必要？是否都值得你去花费宝贵的生命时间？你社交的圈子是否真的对你的人生和事业有所帮助？

凡是事业上成功的人都有一个共同的特点，即来自主观上的不懈努力和来自客观上的他人帮助，尤其是成功人士的帮助。不管你多么聪明、具备多么优越的条件，只要没有人帮助你，或者有人故意刁难你，你就很难成功。

如果你经常阅读成功人物传记，就会发现：许多人能够成功的主要原因之一是紧紧跟在成功人士后面。因此，你的未来与你的上司或者老板有密切联系。

美国微软公司原董事长比尔·盖茨之所以成功是因为他在创业初期遇上了一位名叫斯蒂文·扎布斯的成功人士。不管你从事的事业是大是小，如果没有成功人士相助，你就很难获得成功。

汉斯从哈佛大学毕业之后，进入一家企业做财务工作，尽管赚钱很多，但汉斯很少有成就感，沮丧的情绪经常笼罩着他。汉斯其实不喜欢枯燥、单调、乏味的财务工作，他真正的兴趣在于投资，做投资基金的经理人。

汉斯为了排遣自己的沮丧情绪，就出去旅行。在飞机上，汉斯与邻座的一位先生攀谈起来，由于邻座的先生手中正拿着一本有关投资基金方面的书籍，双方很自然地就转入了有关投资的话题。汉斯觉得特别开心，总算可以痛快地谈论自己感兴趣的东西，因此就把自己的观念，以及现在的职业与理想都告诉了这位先生。

这位先生静静地听着汉斯滔滔不绝的谈话，时间过得飞快，飞机很快到达了目的地。临分手的时候，这位先生给了汉斯一张名片，并告诉汉斯，他欢迎汉斯随时给他打电话。

这位先生从外表上看就是一名普通的中年人，因此汉斯也没有在意，就继续自己的旅程。

回到家里，汉斯整理物品的时候，发现了那张名片，仔细一看，汉斯大吃一惊，飞机上邻座的先生居然是著名的投资基金管理人！自己居然与著名的投资基金管理人谈了两个小时的话，并给他留下了良好的印象。汉斯毫不犹豫，马上提上行李，飞往纽约。一年之后，汉斯成为一名投资基金的新秀。

成功人士看似远在天边，却又近在眼前，但很多人却不能得到他们的青睐和支持，这是为什么呢？因为很多不知道怎样才能结识成功人士。

事实上，每位成功人士在事业成功之初都有一套结识成功人士的谋略。他们慧眼识得成功人士，热诚对待他们，虚心听取他们的建议；而失败的人士却往往不知道他们的重要性，自以为是，小看成功人士，远离成功人士，在这种情况下，即使你有再大的实力和本领，你的事业金字塔也会土崩瓦解。

那么，如何结识成功人士？又如何获取他们的支持呢？

第一，主动接触成功人士。

生意场上，创业者往往起步艰难，如果能得到成功人士的帮助，一定会进展顺利，事业有成。因此，你的交际圈子中有几位大老板为你"呼风唤雨"是非常重要的，但你这个"小字辈"又如何与他们接触，并如何让他们喜欢你呢？

首先，必须掌握大老板的社会关系。大公司或知名老板是很少与一般老板会面的，但是，如果能与他们合作或与他们交上朋友，那真是很荣幸也很珍贵，因为从他们那里你会见识很多，学到许多平常学不到的东西。

要与大老板交往，最基础的工作就是要掌握他们的社会关系。大老板是人，不是神，他们有各种社会关系，有各种各样的业务，也有各种各样的喜好、性格特征。特别是现代媒体，经常关注一些大老板的情况，你从中定会了解一二。你可以从他的历史认识他的过去，他的经历，他的祖辈、父辈；也可以从他的亲属，他的朋友，他的子女那里了解他。

其次，从业务上了解大老板也是一条好途径。他经营的业务范围主要是哪些，次要的是哪些，他的分公司、子公司分布在什么地方，这些公司的经营者是谁，他多长时间会查看分公司、子公司，等等。

最后，从兴趣爱好上了解大老板。他喜欢什么运动、什么物品、什么性格的人，他喜欢或经常参加什么聚会，他休闲、娱乐的方式有哪些，常到什么地方去，等等。

总之，要想结交一个大老板而又没有机会的时候，你不妨从以上几个方面去了解，总会发现一些机会。

第二，制造初次见面的氛围。

当你发现或创造了与大老板见面的机会后，最重要的就是如何制造一种特殊的会面氛围。因为在众多人物中，也许你就是芸芸众生中的一员，说不定连话都没有机会跟大老板说。

在共同出席的会议或聚会上，选择位置时，一定要选择一个与大老板尽可能相近的位置，以便他能发现你。同时，要让穿着表现自己的个性，因为与人第一次交往，别人往往会从服饰上得出第一印象。着装要表现自己的个性、特色，给人舒服的感觉。

要以大老板关注的事情为出发点，尽快发现对方关心的事情，找到适当的话题，抓住对方的注意力，刺激对方对自己的兴趣。同时话语要力求简洁、有独创性，使对方产生震撼，留下较为深刻的第一印象。

第三，适当展示自己的能力，以赢得大老板的青睐。

大老板一般都爱才、惜才，如果你一贯表现出对他意见的赞同，不敢发表自己独到的见解，他反而会反感你。因此，适当表现自己的独特才干，是会受大老板喜欢的。当然，你不能表现得太过锋芒毕露，让人一见就觉得有喧宾夺主之感。

与大老板有过几次接触，并感觉到他对你态度不错后，别出心裁赠送礼品就是与大老板联系情感的重要方式。赠送礼品要针对大老板的具体情况，不能千篇一律，也不能委托他人。不一定昂贵就是好礼品，要赠送就要送他特别喜爱的东西；同时在赠送方式上也要别出心裁，从包装样式、赠送仪式上都要显得别具一格。

同样写信也是交流思想、联系感情的好方式。随着电信事业的发展，很多人的联系方式都是通过电话、电子邮件等，很少再看见以书信方式交流了。你用书信方式向大老板请教问题，交流思想，他会感到很亲切，所以这也是你结交大老板的恰当方法。

当你结交比自己更优秀的人的时候，那些曾经无效的朋友就会逐渐地淡出你的视野。你的人生即开始了质的飞跃。

【社交口才全知道】

每个成功人士都有引以为荣的事，你要想尽办法去加以了解。对这些引以为荣的事情，每个人都渴望得到别人较高的评价，如果能够得到别人衷心的肯定和赞美，则更是让人高兴和自豪的事。因此，在与成功人士交谈时不妨有意提及其引以为荣的事，肯定会令对方愉悦并认为你是个有心人，从而消除对你的戒心或顾虑。

说好第一句话，瞬间拉近距离

社交要与一些新人打交道。初次见面的第一句话是留给对方的第一印象，把第一句话说好，就会瞬间接近你与他人的距离，说得不好就会为接下来的交往增加障碍。说好第一句话的关键是亲热、贴心、消除陌生感。

常见的有以下三种方式。

1.攀认式

赤壁之战中，鲁肃见诸葛亮的第一句话："我，子瑜友也。"子瑜，就是诸葛亮的哥哥诸葛瑾，他是鲁肃的同事件兼挚友。短短的一句话就定下了鲁肃跟诸葛亮之间的交情。其实，任何两个人，只要彼此留意，就不难发现双方有着这样或那样的"亲"或"友"关系。例如：

"你是复旦大学毕业生，我曾在复旦进修过两年。说起来，我们还是校友呢！"

"您是体育界老前辈了，我爱人可是个体育迷！您和我真是'近亲'啊！"

"您来自苏州，我出生在无锡，两地近在咫尺。今天得遇同乡，令人欣慰！"

2.敬慕式

对初次见面者表示敬重、仰慕，这是热情有礼的表现。用这种方式必须注意：要掌握分寸，恰到好处，不能乱吹捧，不说"久闻大名，如雷贯耳"一类的过头话。表示敬慕的内容应因时、因地而异。

例如：

"您的大作我读过多遍，得益匪浅。想不到今天竟能在这里一睹作者风采！"

"今天是教师节，在这光辉的节日里，我能见到您这位颇有名望的教师，不胜荣幸。"

"桂林山水甲天下，我很高兴能在这里见到您——尊敬的山水画家！"

3.问候式

"您好"是向对方问候致意的常用语。如能因对象、时间的不同而使用不同的问候语，效果则更好。

对德高望重的长者，宜说"您老人家好"，以示敬意；对年龄跟自己相仿者，称"老×（姓），您好"，显示亲切；对方是医生、教师，说"李医师，您好""王老师，您好"，有尊重意味。节日期间，说"节日好""新年好"，给人以祝贺节日之感；早晨说"您早""早上好"则比"您好"更得体。

说好第一句话，仅仅是良好的开始。要谈得有味，谈得投机，谈得融融乐乐，有两点还要引起注意。

第一，双方必须确立共同感兴趣的话题。有人以为，素昧平生，何来共同感兴趣的话题？其实不然。生活在同一时代、同一国土，只要善于寻找，何愁没有共同语言？一位小学教师和一名泥水匠，似乎两者是话不投机的。但是，如果这个泥水匠是一位小学生的家长，那么，两者就如何教育孩子可以各抒己见，交流看法；如果这个小学教师正在盖房或修房，那么，两者可就如何购买建筑材料，选择修造方案沟通信息，切磋探讨。只要双方留意、试探，就不难发现彼此有对某一问题的相同观点、某一方面的共同爱好、某一类大家关心的事情。有些人在初识者面前感到拘谨、难堪，只是没有发掘共同感兴趣的话题而已。

第二，注意了解对方的现状。要使对方对你产生好感，留下不可磨灭的深刻印象，还必须通过察言观色，了解对方近期内最关心的问题，掌握其心理。例如，知道对方的子女今年高考落榜，因而举家不欢，你就应劝慰、开导对方，讲讲"榜上无名，脚下有路"的道理，举些自学成才的实例。如果对方子女决定明年再考，而你又有自学、高考的经验，则可现身说法，谈谈高考复习需注意的地方，还可表示能提供一些较有价值的参考书。在这种场合，切忌大谈榜上有名的光荣。即使你的子女考入名牌大学，也不宜宣扬，不能津津乐道，喜形于色，以免对方感到脸上无光。

【社交口才全知道】

制造悬念是吸引对方注意的好办法。可以通过对方的求知欲、好奇心而造成悬念，采用此种讲话开头方法时可能需要一些"内幕"消息。无疑，这也是在演讲或做报告时的一种很好的吸引听众的方法。

说话讲投机，交友也要分等级

常言道：酒逢知己千杯少，话不投机半句多。说的就是人与人之间要有共同的话题，要在心灵上先产生共鸣，才能继续交往下去。如果双方都不在一个频率上，说话不合拍，是根本无法成为朋友的，更别说益友了。因此，我们交朋友要有所选择，不能乱交朋友，更不能交不仕不义之友。

俗话说：多个朋友多条路，朋友多了路好走。朋友相交以"诚"相待，此乃至理，那为何又要将朋友分"等级"？那不就不"诚"了吗？

有个地方官员，朋友无数，三教九流都有，他也曾向人夸耀，说他朋友之多，天下第一。他的邻居，当然也是他的"朋友"之一，曾问他："朋友这么多，你都同等对待吗？"他沉思了一下，说："当然不可以同等对待，要分等级的。"

他说他交朋友都是诚心的，不会利用朋友，也不会欺骗朋友，但别人来和他做朋友却不一定是诚心的。在他的朋友中，人格清高的朋友固然很多，但想从他身上获取一点利益，心存恶意的朋友也不少。"心存恶意，不够诚恳的朋友，我总不能也对他推心置腹吧，那只会害了我自己呀。"所以，在不得罪"朋友"的情况下，他把朋友分了"等级"，有"刎颈之交级""推心置腹级""可商大事级""酒肉朋友级""点头哈哈级""保持距离级"，等等。

他根据这些等级来决定和对方来往的密度和自己心窗打开的程度。他说，"我过去就是因为将人人都当好朋友，受到了不少伤害，包括物质上的伤害和心灵上的伤害，所以今天才会把朋友分等级"。

"把朋友分等级"听来似乎既现实又无情，但听了那位官员的话，你是否也觉得分等级的确有其必要，因为这可以保护自己免受别人的伤害呢？

　　要把朋友分等级并不容易，因为人都有主观的好恶，因此有时会把一片赤心的人当成一肚子坏水的人，也会把凶狠的狼看成友善的狗，甚至在旁人提醒时还不能发现自己的错误，非等到被朋友害了才大梦初醒。所以，要客观地将朋友分等级是十分困难的，但面对复杂的人性，你非得勉强自己把朋友分等级不可。心理上有分等级的准备，交朋友就会比较冷静、客观，可把伤害程度减到最低。

　　要把朋友分"等级"，对感情丰富的人可能比较难，因为这种人往往在对方尚未把你当朋友时，他早已投入感情；而且把朋友分等级，他也会觉得有罪恶感。

　　不过，任何事情都要经过学习，慢慢培养这种习惯，等到了一定年纪，自然热情冷却，不用他人提醒，也会把朋友分等级了。

　　分等级，可像前述那位官员那样分，也可简单地分为可深交级及不可深交级。

　　可深交的，你可以和他分享你的一切；不可深交的，维持基本的礼貌就可以了。这就好比客人来到你家，真正的客人请进客厅，推销员之类的在门口应付应付就行了。

　　另外，也要根据对方的特性，调整和他们交往的方式。但有一个前提必须记住，不管对方智慧多高或多有钱，一定要是个"好人"才可深交，也就是说，对方和你做朋友的动机必须是纯正的。不过，人常被对方的身份和背景所迷惑，结果把坏人当好人，这也是很多人无法避免的错误。

　　如果你目前平平淡淡或失意不得志，那么不必太急于把朋友分等级，因为你这时的朋友不会太多，还能维持感情的朋友应该不会太差。但当你有成就了，手上握有权和钱时，那时你的朋友就非分等级不可了，因为这时的朋友有很多是另有所图，并非真心的。

【社交口才全知道】

　　说话要注意前提。注意交际中的"话语前提"，可以从以下几个方面入手：避免表达含糊和有歧义，说话内容要有足够信息量，言语要有顺序。比如，你去单位找一位素不相识的A君，先要自我介绍，然后才能说明来意。如果颠倒顺序，就很可能弄巧成拙。

巧打圆场，一句话就能抢占先机

　　打圆场，是指交际双方因为某种原因产生误解、不快、尴尬或即将引发不必要的争端时，第三者及时适宜地出面，把此事向好的、吉祥的、有利的、愉快的方面加以解释，以促进人际关系的和谐，把双方的矛盾"扼杀"在"摇篮"中的一种方式。打圆场辞令，就是在这种解说、解释中所运用的机智、巧妙、智慧、灵活、幽默等让双方都能接受的恰当得体的语言。

打圆场与调解的区别在于：调解一般是在双方矛盾、问题、纠纷出现之后，而且多针对时间较长和程度较深的矛盾双方；打圆场则是在交际双方的误解或争执产生之前或在即的时候，或者仅仅是一方在某方面产生误解、陷入烦恼及僵局时的解说、解释与开导。或者更确切地说，前者针对已经产生的纠纷、矛盾，后者针对尚未出现或即将出现的误会、困境与尴尬的气氛。

在交际活动中，由于交际双方彼此缺乏了解以及种种突发事件的存在，往往会导致尴尬或僵持场面的出现，这个时候如果没有人站出来打圆场，那么就很可能引起一方或双方的不快，干扰事情的正常进行，甚至影响到彼此的关系和友情。由此可见，在交际中把握对方的心理，审时度势，然后凭借恰到好处的解说来化解尴尬与僵局，这确实是一项值得重视的能力。要想成功地打圆场，可以从以下几个方面着眼：

1.制造幽默的气氛

在现实生活中，过于严肃和枯燥的东西往往不易为人接受，所以人们会想方设法把它变得灵活些、有趣些。在交际场合中也是一样，如果某个较为严肃、敏感的问题搞得交际的双方都很尴尬，甚至于阻碍了正常交际的顺利进行，我们同样可以通过幽默的解说将其诙谐化，利用它把原来被搞僵的场面激活，使交际活动得以顺利推进。

2. 加以善意的曲解

在交际活动中，交际的双方或局外人由于彼此不甚了解，常常会做出一些让对方迷惑不解的举动，导致尴尬、紧张场面的出现。为了缓解此种局面，我们可以采用故意曲解的策略，假装不明白尴尬举动的真实含义，而给出有利于局势好转的理解，进而一步步将局面朝有利的方向引导过去。

苏联领导人戈尔巴乔夫携夫人赖莎访美，在赴白宫出席里根的送别宴会的途中，他突然在闹市下车，和站在路旁的美国行人握手问好。苏联保安人员急忙将汽车扭转回头，冲下车，围上前去，并喝令站在戈尔巴乔夫身旁的美国人赶快把手从裤袋里抽出来（怕他们袋内藏有武器）。行人被搞得不知所措，有人责问这是为什么，站在戈尔巴乔夫身后的赖莎十分机智，赶快打圆场，向责问的美国人解释说："他们的意思是要你们把手伸出来，跟我丈夫握手。"

这种随机应变、顺水推舟的圆场话真是两全其美，既维护了苏联领导人与美国人的友好感情，也消除了由此带来的尴尬局面。顿时，周围的美国人都伸出手来同戈尔巴乔夫等人握手致意。

在本例的交际场景中，交际的局外人——苏联保安人员出现了，由于他们按照自己的原则行事，以至于破坏了戈尔巴乔夫同美国市民的正常交际活动，使局面窘迫难堪。幸亏戈尔巴乔夫的夫人十分机智，适时地使用了故意曲解的技巧，把保安人员的举动解释为"请美国人握手"。这样，尴尬的局面不但顺利缓解，而且有力地推进了苏联领导人与美国民众的友好感情。

3. 换一个角度重新解释

人们在交际中的困境与僵局之所以能使人"困"起来和"僵"起来，就因为当事人自己没能从固有习惯的思维圈子中跳出来。而打圆场者若想成功，就必须跳出原有的思维，把引起发生困境的事物、事件和问题调换一个角度重新向好的方面加以解释，从而使当事人认同这种全新的、吉祥的说法。

牡丹，是中国的传统名花，素有"富贵花"之美誉。有一次，著名画家喻仲林开办画展，其中的一幅牡丹被一位老者买去。过了几天，老者忽然打一电话，坚决要求退还此画。他振振有词地说："你的牡丹图中有一朵牡丹画在纸边上，只剩下半朵了，这叫作'富贵不全'，我总不能把'富贵不全'挂在家里呀！"喻仲林听后，略加思索，故作惊讶地答道："哦，你把它叫作‘富贵不全’呀，我这里也给它一个画题，叫作‘富贵无边’。"老者一听，连声称好，再也不提退货的事了。

上例中，老者把画在纸边上的半朵牡丹理解为"富贵不全"，以此来责备画家，未免有点儿强词夺理。然而画家顺着对方的思路，调换了一个角度，却得出了另一种"富贵无边"的解释，可谓想法独特，道理充分，寓意吉祥，终于使有些偏执的老者连连称好，立刻认同并喜欢上这种吉庆的说法。

【社交口才全知道】

打圆场，还可借助如下方法：强调事件的合理性，肯定交际各方的价值，指出交际各方观点的合理性，从问题或事物的反向去思考，根据事物与语言的谐音关系向好处发挥，根据事物与语言的意义关系向好处联想，把事物、事件原来的概念和意义引申。

知己知彼，把话说到对方心坎儿里

有人夸张地把社交场形容为"战场"，意即舌锋之战。要想成功地取得社交的胜利，就必须知己知彼，把话说到对方的心里，这样才会建立融洽的关系。如何把话说到别人心里？我们需要做到如下几点：

1.了解情况

即了解对方的一些经历和生活状况。在应酬当中，人的思维方式各不相同，他有他的生活愿望，你有你的生活观点，交谈能否融洽则在于你的话题选择。假如你不了解他的生活困难，而在那里大吹特吹打高尔夫球或是环球旅游的乐趣，他肯定提不起兴趣和你谈下去，但倘若你告诉他一条快速致富的门路，不用你说下去，他也会提问的，因为这正是他所关心的。

2.积累经验

在谈话中，经验是很重要的。对于应酬的话题和场面，应该具有一定的经验，否则就会处于一种不利的局面。对于所涉及的话题应有专门的知识。当你和对方谈到某一件事时，你必须对此有所认识，否则说起来便缺乏吸引力，既不能让对方感兴趣，也无法与他人说到一起。人际交往中，有许多事情即使做法不同，但道理永无改变。这种永恒不变的道理，自己要常存于心，要培养自己的忍耐力，切忌凡事小气。

经验证明，"小气"常使一个人吃亏；要常常保持中立、保持客观。按照经验，一个态度中立的人，常常可以争取较多的朋友。至于你的"死党"，你也不必口口声声去对他表明，只要事实上是"死党"就行。对事物要有衡量其种种价值的尺度，不要过分地坚持某一个看法；如果有必要对事情保守秘密，就不要说得太多，想办法让别人多说。如要对某人感兴趣，就应竭力去了解他的背景。如果在交谈当中，不顾对方的心理变化，而一味地将想法统统搬出来，那么，你是得不到他的认同的。一厢情愿的谈话往往会让对方厌恶。不该说话的时候说了，是犯了急躁的毛病；该说话的时候却没有说，就失掉了说话的时机；不看对方的态度便贸然开口，则是闭着眼睛瞎说。

在交谈过程中，双方的心理活动是呈渐变状态的，这就要求我们在和人交谈中应兼顾对方的心理活动，使谈话内容和听者的心境变化相适应并同步进行，这样才能让交谈意图达到明朗化，引起共鸣。

3.区别对待

应清楚对方的身份和性格特征。性格外向的人易"喜形于色"，和他可以侃侃而谈；性格内向的人多半"沉默寡言"，对他则应注意委言婉语、循循善诱。不设身处地替别人想想，只一味地夸夸其谈，其结果必然是失掉了一批又一批的交谈对象。因此，在交谈中区别对待交际对手，是人际交往取胜的关键。

【社交口才全知道】

蝴蝶效应告诉我们：一个表面上看来非常微小的细节可能会对结果造成重大影响。

很多时候，在与人的交往过程中，我们的一句话、一个小动作都能对他人有重大影响。当对方经历了痛苦的事情，失落、沮丧、痛苦不堪时，我们无须多说什么，一个拥抱，一个关切的眼神，都能引起他的共鸣并对你敞开心扉。

如果有人指责你，你应视其为知己

绝大多数人都习惯听好听的，喜欢听奉承的话、夸奖的话、赞许的话，而面对别人的指责却往往心生不爽。事实上，能够说出你不足的人才是真正关心你的人，说明你还有被关注的价值。如果连谈论你的人都没有，说明你连谈论的价值都没有。正如著名作家王尔德说的那句话："人这一生，比被人议论更糟糕的事是没有人议论你。"

人的一生受到朋友的影响是相当大的，很多人因为朋友而成功，也有很多人因朋友而失败，甚至因朋友而倾家荡产，妻离子散。但若害怕因为朋友而失败，就把自己孤立起来不交朋友，亦不足取。

因为没有朋友，也就差不多无路可走，寂寞一生了，即使你闭紧心扉，还是会有人来用力敲。当有人来敲你的心扉时，你应还是不应？应的话，可能那是个坏朋友；不应的话，可能失去一个好朋友。

因此，你总是要面对"交朋友"这个问题的。交到好的朋友，你可能会受益一生，得到无限的乐趣，至少不会受到伤害。而若交到坏的朋友，想不走入歧途、不倒霉是很难的。

人有很多种，在对待朋友的态度上也有很多种类型，有每天说好话给你听的；有看到你不对就批评、指责你的；有热情如火、喜欢奉献的；也有冷漠如冰，只考虑个人利益的；有憨厚的，也有狡诈使坏的……

这么多类型的朋友，好坏很难分辨，而当你发现他坏时，常常是来不及了，因此平时的交往经验极为重要。

不过有一种类型的朋友肯定是值得交往的，那就是会批评、指责你的朋友。

和只会说好话的朋友比起来，那些只知道批评、指责你的朋友是令人讨厌的，因为他说的都是你不喜欢听的话。你自认为得意的事向他说，他偏偏泼你冷水；你满腹的理想、计划对他说，他却毫不留情地指出其中的问题，有时甚至不分青红皂白地就把你做人、做事的缺点数说一顿……反正，从他嘴里听不到一句好话，这种人要不让人讨厌也真难。

但是如果你放弃这种朋友，那就太可惜了。

基本上，在社会做过事的人都会尽量不得罪人，因此多半是宁可说好听的话让人高兴，也不说难听的话让人讨厌。说好听的话的人不一定都是"坏人"，但如果站在朋友的立场，只说好听的话，就失去了做朋友的资格了；明明知道你有缺点而不去说，这算是什么朋友呢？

如果还进一步"赞扬"你的缺点，则更是别有用心了。这种朋友就算不害你，对你也没有任何好处，大可不必浪费时间和这样的人交往。

但实际上的情形如何呢？很多人碰到光说好话的朋友便乐陶陶，没有是非观了；其实他们顺着你的意思说话，让你高兴，为的就是你的资源——你可以利用的价值，很多人被朋友拖累就是这个原因。

比较起来，那些让你讨厌，像只乌鸦，光说难听的话的朋友就真实多了。这种人绝对无求于你（不挨你骂，不失去你这个朋友就很不错了），他的出发点是为你好，这种朋友才是你真正的朋友。

也许你不相信我所说的，那么想想父母如何对待子女好了。

一般父母碰到子女有什么不对，总是责之、骂之，子女有什么"雄心壮志"，也总是想办法先替他踩踩刹车，不让他脱缰而去，为的是什么？

是为子女好，怕子女受到伤害，遭到失败。这是为人父母的至情，只有父母才会这么做。

朋友的心情也是如此的，爱之深才会责之切，否则他为何要惹你讨厌？说些好听的话，说不定你还会给他许多好处呢！

因此，要牢记，只有那些经常批评、指责你的人才是你真正值得交往的朋友，才应被你视为知己。

【社交口才全知道】

说话的时候一定要面带表情、面带笑容。没有哪个人喜欢与表情严肃的人交谈，人们多喜欢与有说有笑能给人带来亲切感的朋友交谈。

如果你能不再板着脸，放下所谓严肃的身段，随时面带微笑，别人一定会喜欢你。

宴席上敬酒劝酒，怎样说不伤颜面

壶里乾坤大，杯中日月长。在我国，酒在生活中常常扮演着一个无可替代的角色。婚喜寿筵、佳节聚会，全凭它助兴提神，活跃气氛。而在酒宴上，不论是主人还是客人，都少不了要劝别人多饮两杯，既能增进感情，又能推波助澜，使酒宴气氛更加热烈融洽、喜庆、红火。我们常能在酒宴上发现这样的劝酒高手，几句"花言巧语"就搞得你明明酒量有限，却还是喝了个酩酊大醉。应该说，既要让对方尽其所能地喝酒，又要活跃气氛，此外还不伤和气，不损面子，这是一位劝酒者的基本责任，也是劝酒者的基本原则。

酒桌之上，敬酒是一门学问。一般情况下敬酒应以年龄大小、职位高低、宾主身份为序，敬酒前一定要充分考虑好敬酒的顺序，分明主次。与不熟悉的人在一起喝酒，也要先打听一下他们的身份或是留意别人如何称呼，这一点心中要有数，避免出现尴尬或伤感情的局面。

敬酒时一定要把握好敬酒的顺序。有求于在席上的某位客人时，对他要倍加恭敬，但是要注意，如果在场有更高身份或年长的人，则不应只对能帮你忙的人毕恭毕敬，也要先给尊者、长者敬酒，不然会使大家都很难为情。

　　酒席宴上要看清场合，正确估量自己的实力，不要太冲动，尽量保留一些酒量和说话的分寸，既不让别人小看自己又不要过分地表露自身，选择适当的机会，逐渐放射自己的锋芒，才能稳坐泰山，不致给别人产生"就这点能力"的想法，使大家不低估你的实力。

　　通常在喜庆佳节的时候，宾朋好友聚会，以酒助兴，并以健康有益的祝酒词来表达良好的祝愿。碰杯时，先与主宾碰杯，以后，虽不必一一碰击，也要举杯示意。让菜，应以主宾为先，然后依次恭让。说话时嘴里不要嚼菜，要等嘴里空时再说。主人、客人都不能只同一两个人交谈，要尽量照顾全面。吃东西时要文雅些，少夹慢吃，不要发出声响。

　　人逢喜事精神爽。有些人从不喝酒或喝得不多，但在一些特殊的喜庆场合往往就愿意喝两口或多喝几杯，一方面是心里高兴，一方面也是场合的特殊性使然。那么，劝酒者在劝酒时不妨多强调一下此场合的重要性、特殊性，指出它对于对方的价值与意义，这样既能激发对方的喜悦感、幸福感、荣誉感，又使他碍于特定的场合而不得不愉快地再饮一杯。

　　1. 在婚礼上向新郎的父亲劝酒，可以这样说："大叔，您可别忘了今天是什么日子！今天可是您儿子的大喜日子，您辛辛苦苦给他攒钱、盖房子，不就是盼着看到这一天吗？看着如花似玉的儿媳妇进了家门，您就不打心眼儿里往外高兴？一辈子就这一次啊，您不快举起酒杯多喝两盅还等什么呢？"

2.同学联欢会时可以这样说："好，这杯酒我也不劝你了，你愿意喝就喝，不愿意喝就别喝，反正今天是我们88级毕业生的第一次大聚会，这是咱们班最全的一次啊！下次再聚真不知道什么时候了。我知道你酒量不行，这杯酒你要是觉得不该喝，大伙儿也都同意，那我也就一句话不说了……"

不论是1例中的父亲还是2例中的同学，对方的话说到这个份儿，他还能不喝吗？可见，酒桌之上言语之间尽显智慧。把话说得好的人既能左右逢源照顾大家的颜面，又能让大家开心愉悦。

【社交口才全知道】

酒桌上还有些禁忌要注意：忌酒后失言，祸从口出；忌酒后失态，有失大雅；忌酒后近色，招惹闲言。同时要注意千万不要说如下问题：不要长篇大论地谈论工作；不要说教，以免损害了酒席上应有的气氛；切忌谈论某人的缺点和弱点，使别人下不了台。

找到共同语言，今生和谁都有缘

善于说话的人总能寻找话题，有时即使对方是陌生人，也想主动和他说话。这就是口才高明的人的独到之处。

和陌生人初次见面，良好的谈话是打破陌生感的关键。那么，怎么才能打开和陌生人谈话的局面呢？心理学表明，如果能够找到和陌生人的共同点，就可以打开初次见面互相不熟悉且心存戒备的窘境。这就需要我们做到如下几点：

1.察言观色，寻找彼此的共同点

一个人的心理状态、精神追求、生活爱好等，都或多或少地要在他们的表情、服饰、谈吐、举止等方面有所表现，只要你善于观察，就会发现你们的共同点。一位退伍军人乘车同一陌生人相遇，位置正好在驾驶员后面。汽车上路后不久就抛锚了，驾驶员车上车下忙了一通还没有修好。这位陌生人建议驾驶员把油路再查一遍，驾驶员将信将疑地去查了一遍果然找到了病因。这位退伍军人感到他的这绝活可能是从部队学来的，于是试探道："你在部队待过吧？""嗯，待了六七年。""噢，算来咱俩还算是战友呢。你当兵时部队在哪里？"……于是这一对陌生人就谈了起来，据说后来他们还成了朋友。而这就是在观察对方以后，发现都当过兵这个共同点的。当然，察言观色发现的东西，还要同自己的情趣爱好相结合，自己对此也有兴趣，打破沉寂的气氛才有可能。否则，即使发现了共同点，也还会无话可讲，或讲一两句就"卡壳"。

2. 以话语试探，打开交谈的局面

陌生人为了打破沉默的局面，开口讲话是首要的，有人以招呼开场，询问对方的籍贯、身份，从中获取信息；有人通过听说话口音、言辞，侦察对方情况；有的以动作开场，边帮对方做某些急需帮助的事，边以话试探；有的甚至借火吸烟，也可以发现对方特点，打开口语交际的局面。两个老年人从某县城上车，坐在一条长椅上。其中一人问对方："在什么地方下车？""到终点，你呢？""我也是，你到南京什么地方？""我到南京山西路一亲戚家，你就是此地人吧？""不是的，我是从南京来走亲戚的。"经过双方的"火力侦察"，双方对县城熟悉，对南京了解，都是走亲戚的共同点就清楚了。两个人发现对方共同点后谈得很投机，下车后还互邀对方做客。这种融洽的效果看上去是偶然的，实际上也是有其必然原因的："火力侦察"，发现共同点，向深处掘进而产生的效应。

3. 听人介绍，找到交谈突破口

你去朋友家串门，遇到有生人在座，作为对于二者都很熟悉的主人，会马上出面为双方介绍，说明双方与主人的关系，各自的身份、工作单位，甚至个性特点、爱好等，细心人从介绍中马上就可发现对方与自己有什么共同之处。一位是县物价局的股长，一位是"县中"的教师，在一个朋友家见面了，主人对这对陌生人做了相互介绍，他们马上发现都是主人的同学这个共同点，就围绕"同学"这个突破口进行交谈，相互认识和了解，以致变得亲热起来。这当中重要的是在听介绍时要仔细地分析认识对方，发现共同点后再在交谈中延伸，不断地发现新的共同关心的话题。

4. 揣摩谈话，探索双方的共同点

为了发现陌生人同自己的共同点，可以在需要交际的人同别人谈话时留心分析、揣摩，也可以在对方和自己交谈时揣摩对方的话语，从中发现共同点。在广州的某百货商店里，一位在南海舰队服役的人对服务员说："请你把那个东西拿给我看看。"还把"我"说成字典里查不到的地道的苏北土语。另一位也是苏北的人在广州某陆军部队服役。听了前者这句话，也用手指着货架上的某一商品对营业员说了一句相同的话，两句字里行间都渗透苏北乡土气息的话，使两位陌生人相视一笑，买到了各自要买的东西，出了店门就谈了起来，从老家问到部队，从眼下任务谈到几年来走过的路，介绍着将来的打算。身在异乡一对老乡的亲热劲儿，不知情的人怎么也不会相信是因为揣摩对方一句家乡话而造成的结果。可见细心揣摩对方的谈话确实是可以通过找出双方的共同点，使陌生的路人变为熟人，并发展成为朋友的。

5.步步深入，挖掘双方的共同点

发现共同点是不太难的，但这只能是谈话的最初阶段所需要的。随着交谈内容的深入，共同点会越来越多。为了使交谈更有益于对方，必须一步步地挖掘深层的共同点，才能如愿以偿。一个度假的大学生和一位在法院工作的同志，在一个共同朋友家聚餐，经主人介绍认识后，二人攀谈起来，慢慢地，二人发现彼此对社会的看法有共同点，不知不觉地展开了讨论，结果越谈越深入，越谈双方距离越缩短，越谈双方的共同点越多。

事后双方都认为这次交谈对大学生认识社会，对法院同志了解外面的信息和群众要求，增强为纠正不正之风尽力的自觉性都是大有益处的。

由此可见，"共同语言"在社交活动中是多么重要！只要你能够适时地挖掘交流对象和你的共同点，适时地把话题开展起来，想不让对方走近你都难。对方还会深深感慨"与君相识，真是有缘啊！"

当彼此大有相见恨晚之感，那日后的交往就水到渠成了。

【社交口才全知道】

寻找共同点的方法还很多，譬如面临的共同的生活环境、共同的工作任务、共同的前进方向、共同的生活习惯等，只要仔细发现，陌生人之间无话可讲的局面是不难被打破的。

社交小贴士：酒桌上的交谈禁忌

酒桌上的交谈要注意如下事项：

1. 众欢同乐，切忌私语

大多数酒宴宾客人都较多，所以应尽量多谈论一些大部分人能够参与的话题，得到多数人的认同。因为每个人的兴趣爱好、知识面不同，所以话题尽量不要太偏，避免唯我独尊、天南海北、神侃无边、出现跑题现象而忽略了众人。

特别是尽量不要与人贴耳小声私语，给别人一种神秘感，往往会产生"就你俩好"的嫉妒心理，影响喝酒的效果。

2. 瞄准宾主，把握大局

大多数酒宴都有一个主题，也就是喝酒的目的。赴宴时首先应环视一下各位的神态表情，分清主次，不要单纯地为了喝酒而喝酒，而失去交友的好机会，更不要让某些哗众取宠的酒徒搅乱东道主的意愿。

3. 语言得当，诙谐幽默

酒桌上可以显示出一个人的才华、学识、修养和交际风度，有时一句诙谐、幽默的语言，会给客人留下深刻的印象，使人无形中对你产生好感。应该知道什么时候该说什么话，语言要得当。

4. 劝酒适度，切莫强求

在酒桌上往往会遇到劝酒的现象，有的人总喜欢把酒场当战场，想方设法劝别人多喝几杯，认为不喝到量就是不实在。

"以酒论英雄"，对酒量大的人还可以，酒量小的就犯难了，有时过分地劝酒，会破坏原有的朋友感情。

5. 察言观色，了解人心

要想在酒桌上得到大家的赞赏，就必须学会察言观色。因为与人交际，就要了解人心，左右逢源，才能演好酒桌上的角色。

第三章

要"颜值"更要"言值"，
不开口也能让人喜欢你

不学礼，无以立。

——孔子

品位制胜，良好的形象先于语言

无论在任何场合，只要能恰到好处地运用视觉效应，就能让人一眼就关注你。从事过销售工作的人应该都有过这种体验，当你外表邋遢、衣衫不整地去会见客户时，特别是前往一些高级场所时不由得觉得自己的形象很寒酸，这时候难免底气不足，好像低人一等似的，说起话来也没有自信，结果可能导致自己不但连本来的水平也发挥不了，甚至还有可能因此而对自己的推销工作产生消极影响。

著名的保险推销大师弗兰克·贝特格曾经说过："虽然不能以衣冠取人，但着装的作用是显而易见的——获得自信。试着穿得体面一些，你会发现他人对你的信任感明显地增加。这种方法非常适用，会让你看起来是最棒的。"

外表不仅是一个人精神面貌的直接体现，其着装打扮也直接显现出其品位和内涵。一个人展现给别人的第一印象至关重要，这将决定别人是否愿意与你交谈以及进一步交往。

1. 注意形象的重要性

注意外表对每个人来说都是相当重要的。

（1）良好的形象可以增加自信。良好的形象可以增加自信，这是毋庸置疑的。相信每个人都有过这样的体会，当你走进一家豪华的酒店，走进大型的时尚精品商店；当你参加一个非常豪华宴会的时候，如果你的衣着入时，看起来衣冠楚楚，那么就会使你在无形中感到一种自信，进而就会在这些场合进行较为大方自然的言谈举止，显得潇洒自如。相反，如果你穿着很随便，甚至不整洁，头发凌乱，衣服搭配很不协调，这个时候周围的人就会对你投以异样的眼光，你自然也会感到非常尴尬，而你的自信也会随之一落千丈。

形象非常重要，对于销售人员来说就更是如此了，他们每时每刻都要准备出现在类似这样正式的场合。更重要的是，他们要面对许多重要的人，如大公司的老板、政府部门的领导人、名人等，总而言之，他们要接触各行各业的人，所以形象对于他们来说十分重要。整洁的仪表可以增加他们的自信，使得他们在面对这些人的时候可以消除，至少能够减少内心的紧张和恐惧不安。

（2）良好的形象能够获得顾客的信任与重视。对于销售人员来讲，他们的知识水平和口才理所当然地对他们的推销起着决定性的作用，因为一个人的内在价值和个性气质才是我们评判一个人的重要尺度。但是,这些东西更多是隐性的,别人一时很难发现。那么,销售人员如何在较短的时间内给顾客留下直接的、深刻的印象呢?那就需要依靠外表与形象。我国有句俗话:"人靠衣装,佛靠金装。"推销员是否能够得到顾客的认可,获得他们的尊重和好感,基本上在顾客扫向推销员的第一束目光时就确定了。很显然,一位着装整洁、穿戴整齐的推销员更能够赢得顾客重视、信任与好感,而一个着装邋遢、杂乱的推销员,则很容易让顾客感到厌烦。

2.如何注意自己的形象

既然外表如此重要,那么销售人员应该如何来注意自己的形象呢?关键是要做到以下几点:

(1)外表要整洁。整洁包括衣服的整洁,比如勤换、勤洗衣服。还包括对服装的打理,如经常熨烫。同时,还要注意个人卫生。

①经常理发。要使自己的头发保持一定的长度,尤其是男性,很难想象一个长发的男性推销员站在顾客面前,尤其是站在那些重要的"大人物"——公司的老总或者某个部门的重要人物面前的滑稽样子。

②男性要天天刮胡子。胡子是一个成熟男人的标志,但是作为一个推销员,建议最好还是刮掉胡子,因为光洁的下巴会让你显得更加年轻而且有朝气和充满激情。

③勤洗头、洗澡。使自己身上带着淡淡的洗衣粉的清香或者各种香皂的自然幽香。最好不要洒很浓的香水，因为你是在工作，而不是在出席宴会或进行约会。

（2）服装搭配要协调。对销售人员来讲，最标准的服装搭配应该是春秋季节是西装，夏天是西裤配衬衣，冬天可以在西装外套一件外套，但是见顾客的时候最好脱掉外套。另外，在进行服装的搭配上，要注意以下几点要求：

①注意对西服的选择。西服的款式要与自己的个性特征相符合。从颜色上讲，西服有蓝、黑、灰三大色调。从面料上讲，西服的面料有带条纹的面料和不带任何花纹的面料。一般在正式的推销场合，应该着深色西装。

②要注意里面的衬衣与西服颜色的搭配。一般以白色或者浅蓝色的衬衣为佳，最好要避免那些颜色过于鲜艳的衬衣，里面的衬衣过于鲜艳往往会"喧宾夺主"，使得人第一眼就见到你鲜艳的衬衣而忽视你的外套。

③领带的选择。领带最能体现一个男人的风格，那么作为一个销售人员如何选择自己的领带呢？千万别小看一条小小的领带，选择了合适的领带，它会为你增添不少光彩，如果你选择的领带不合适，很可能使你的着装看起来很怪异。推销员不宜选择很华丽、很鲜艳的领带，领带的颜色应该显得很庄重、内敛，这

样能与你整个着装一起,体现你的庄重、严谨。

当然,人们都有审美疲劳,千篇一律的着装可能会让人觉得你很僵化,因此你可以在细节上进行变化,比如搭配不同的围巾、配饰等,同样可以收到良好的效果。

有些人以为注意外表就一定要穿非常名贵的衣服,那就大错特错了。名贵的衣服并非不好,但也要因人而异、因场合而异。假如是参加轻松愉悦的朋友聚会,你穿一身刻板的职业装就显然不合时宜。

曾经有个推销员为了包装自己,身穿高档名牌西装,打着名家特别设计的领带,手上戴着金光闪闪的瑞士名表。结果当他见到客户的时候,客户却反而认为他华而不实,并据此怀疑他的公司是否也看重产品的外在包装而不重视质量。此外,他华贵的打扮让这位客户感到很可笑,客户认为自己作为一家大公司的总裁还从来没有他穿得那样尊贵,最后婉言谢绝了该推销员。

【社交口才全知道】

少说"我",多说"你"。每个人都喜欢以自我为中心。你若能暂时放下自我,提出对方感兴趣的问题,让别人也发表见解,你将会在人际关系上左右逢源。只有在满足别人心愿的同时,你自己的心愿才能得到满足。

服饰相宜，让人看到你的从容自信

服装是一种无声的语言，着装可从一个侧面真实地传递出一个人的修养、性格、气质、爱好与追求。要使着装后的个人形象富有神韵和魅力，应遵循整体性原则、个性化原则、符合社会角色原则。

衣装是人的门面，许多人经常因为他们不得体的穿着而备受指责。初看起来，仅凭衣着去判定一个人似乎肤浅、轻率了些，但是衣着有时的确是衡量穿衣人的品位和价值的一个标准。渴望成功的有志者总是像选择伴侣一样谨慎地选择衣装。俗话说："我根据你的伴侣就能判断你是什么样的人。"一个文学家也说过一句相当精妙的话："让我看看一个妇女一生所穿的所有衣服，我就能写出一部关于她的传记。"

着装典雅的人给人的印象深刻，他等于在做自我推销："我是一个重要的人物，聪明、成功、可靠。大家可以尊敬、仰慕、信赖我。我自重，你们也应尊重我。"反之，穿着邋遢的人给人的印象就差，等于告诉大家："我是个没什么作为的人，我粗心、没有效率、不重要，我只是一个普通人，不值得尊敬，我习惯不被重视。"

与人交往时,穿着打扮有三大讲究。

1. 要适合自己的特点

每个人都有自己特定的社会角色,这种角色又有特定的言行、服饰。例如,社会地位较高的人应该外表端庄、衣着整洁,如果不顾形象就会影响交际效果。"穿衣戴帽,各有所好",这话在日常生活里没错,但当参加社交活动,与人交往时你就不能简单考虑个人所好了,而应考虑自己这个角色的需要,尽量做到衣着与角色相协调。否则,当别人对你产生误会,带来不必要的烦恼时,只有眼睁睁地吃亏了。

2. 要适应特定的环境

有时,特定环境对衣着有特定的要求,这时,在衣着服饰上就应随着交际环境而变,不惜牺牲个性风格进行独具匠心的选择。比如演员穿着就是如此,一旦要演戏中的角色,就无一例外地严格服从角色的需要。

3. 要体现个性交际风采

在符合角色的要求下,可以适当提倡穿着的个性化。除了警察等统一着装的职业外,其他人在衣着上有广泛的选择余地。可以根据自己的爱好、气质修养、审美情趣等进行选择,以展现自己与众不同的风采。

人不是由衣装造就的,但衣装给我们的社交生活带来的影响远远出乎我们的意料。别扭、寒酸、不合身的衣服不仅会使人失去自尊，还会使人失去舒适和力量感，而得体的衣装则使人风度翩翩、谈吐自如。穿着得体的衣服使人充满自信，而低劣的衣服只会使人在交际中感到心情紧张。

【社交口才全知道】

谈话时要注意，千万不要遗漏任何人，让你的双眼环视着周围每一个人，留心他们的面部表情和对你谈话的反应。在众多人的聚会中，常有少数人被无情地冷落。假如被你冷落的恰巧是来日对你事业前途起关键作用的人物，那将是怎样的后果呢？因此，不要冷落任何人，即使他的言谈举止是多么令人生厌。

举止优雅得体，让人主动走近你

每个人就如一个小磁场，你的磁场散发的是善的光芒就会吸引向善的人。而一旦你的内心有了自私的因子，同样也可以通过磁场传递给他人。而你内心的价值取向、情感等都会通过你的举止不自觉地表现出来。

事实证明，性格相似的人更容易走到一起成为知己或合作伙伴，这就是"物以类聚，人以群分"的道理。

中华乃礼仪之邦，素来讲究礼尚往来。曾有专家这样描写礼仪："礼仪，是人类交往的台基和铺垫，它能够融化陌生的敌意，抚慰冷漠的心灵；它在人际交往中搭建桥梁；它教给人们如何在交际的环境中，举止不失礼，神色不失态，言语不出格；它规范人们的言行，教人们做一个懂得尊重别人、懂得自重，又受到他人尊重和欢迎的人。"一句话，万事"礼"为先。因此，只有懂得社交礼仪并举止得体的人，别人才会主动走近你、接近你。

人际关系的心理和行为受到很多因素的影响，主要包括认知、情感、人格、能力等四种心理和行为因素的影响。

认知因素是人际知觉的结果，包括三个方面，即自我认知、对他人的认知和对交往本身的认知。对自我的认知会影响人际交往中的自我表现，对他人的认知会左右对他人的态度和行为，对交往本身的认知会影响交往的目的、广度和深度。人际交往是满足对方心理需要的过程，不能只考虑自己的满足而忽视对方的需要，否则会引起交往障碍。

人际交往中的情感因素，是指交往双方相互之间的好恶程度、情绪的敏感性、对交往现状的满意程度，以及对他人、对自我成功感的评价态度等。

人际交往中的情感表现应该适时、适度，随客观情况的变化而变化。不良的情感反应会影响交往。

比如，如果交往中反应冷漠，对常人喜怒哀乐的事情无动于衷，会被他人认为你麻木、无情、不宜交往；如果情感反应过于强烈，不分场合和对象地恣意纵情，会让别人觉得你轻浮不实；如果情感不够稳定，变化无常，也会让人觉得你不宜交往。

人格因素对人际交往有至关重要的影响。一些不良的人格特征，如虚伪、自私自利、不尊重人、报复心强、嫉妒心强、疑心重、太过苛求、自卑、自傲、孤独、固执等，容易给人留下不愉快的感受乃至一种危险感，影响人际交往。因此，好的人际交往离不开双方良好的人格品质。

交往能力欠缺是影响人际交往的原因之一。比如，有些人交友愿望强烈，然而总感到没有机会；想表现自己，却出了洋相；想关心他人，但不知从何做起；想赞美他人，可怎么也开不了口；想调解他人的矛盾，可经常好心办坏事；等等。人际交往的能力不是固定不变的，可以通过有意识的锻炼来提高，关键要多进行交往实践、多动脑筋。

交往举止，包括交往的言行、气度、表情、手势等所能测定与记载的一切量值。适度、优雅的交往举止，会给人留下好的印象，能有效改善人际关系。交往举止的决定因素是交往心理，当然，培养锻炼也是很重要的。

在上述几个因素中，情感因素起着主导作用，制约着人际关系的广度、深度和稳定度。通常所言的友情、亲情、人情都是着重从情感方面来说的。可以说，情感的相互依存是人际关系的首要特征。但一般来说，在非组织关系中，情感成分承担着主要的调节功能；而在正式组织关系中，行为举止是调节人际关系的主导成分。

因此，无论何时何地都要注意自己的一言一行、一举一动。因为这些直接影响别人对你的评价，也直接影响别人是否会进一步与你交往。

【社交口才全知道】

人们一般都认为，双方的矛盾爆发之后的一段时间，是交际的冰点。但如果此时一方能主动做出一个与对方预期截然相反的善意举动和言词，就会使对方在惊愕、感叹、佩服、敬意之中认同你，从而化敌为友。交际的冰点就成了成功交际的切入点。

铲除庸俗因子，别人更加欣赏你

看到标题，也许你会说，这世上有几个不是生活在俗世？有几个人超凡脱俗？没错！人活于世，难免流俗，但即便如此，我们也应该让自己尽可能活得优质，至少不要俗不可耐，让人厌烦。

无论在哪个社交场合，俗里俗气的人都是不受人待见的。比如，有的人浑身散发着庸俗的习气，此是社交的大敌。那么，如何判断此人是否庸俗呢？可以从以下几方面着眼：

1.吃吃喝喝

有一种说法："朋友，朋友，抽烟喝酒。"朋友凑在一起，就是吃吃喝喝。一喝起酒来，便一醉方休，一高兴起来，便划拳行令，甚至酗酒闹事，醉卧大街。固然，朋友交往少不了必要的宴请，如某人升学、参军等大家聚在一起，举杯话别，相互勉励。但是，动辄吃喝则是一种庸俗的习气。还是古人讲得好："君子之交淡若水""友如作画须求淡"。

2.玩玩闹闹

朋友在一起玩玩闹闹，也是正常的，有害于友谊的是那种庸俗的玩乐。何谓庸俗的玩乐？可以从这样几个方面看：首先，为什么要玩乐。如果把友谊同玩乐划等号——朋友之间就是为了在一起玩乐，那就是庸俗的习气。如果把玩乐放在从属的地位，朋友在一起玩玩，是为了调节一下气氛，为了休息一下筋骨，交流一下信息，这是正常的、有益的。其次，用多少时间玩乐。如果对打扑克、下棋、跳舞等娱乐活动入了迷，一玩起来就什么也不顾了，甚至通宵达旦，影响了第二天的工作，那就不好了。

3. 沉溺于玩乐

在工作之余，朋友们登山、游泳、欣赏音乐……这种玩乐可以开阔视野、陶冶情操、锻炼意志。这与学习、工作的关系，犹如土地的轮作一样，是必要的、有益的。若是沉湎于不健康的活动里，如赌博、斗殴、寻衅等，就是不正常的、有害的。社会主义精神文明建设的逐步完善，为我们开辟了业余生活的广阔天地。我们应让高尚的情趣占领我们的业余园地，从中汲取健康的养料和丰富的知识。

4. 闲聊扯皮

谢觉哉同志在《交朋友的道理》一文中指出：朋友相聚，不谈工作、不谈学习、不谈政治，只谈些个人间私利私愤的事，这叫做"群居终日，言不及义"。有的人正是这样，聚在一起专谈一些庸俗的生活小事：谈女人，说脏话；讲吃讲穿，比派头，比阔气；互相奉承，比赛吹牛；海阔天空，不着边际，玩笑庸俗，打哈取趣；拉三扯四，搬弄是非……正常的友谊，被庸俗的闲聊扯皮蚕食掉了，朋友变成了"帮闲"。

除了上述几点外，庸俗之气的人在社交中时常呈现出轻率态度。有的人对社交持一种极其轻率的态度，动不动就要与朋友绝交。朋友是应该珍惜的，不应该弃之如敝屣。

轻率的绝交，本身说明了择友的轻率。得来的太容易了，失去的就容易。信手可以拾起一块石头，必然会毫不顾惜地随意把它扔掉。人们总是加倍珍惜来之不易的东西，比如沙里淘金，千筛万淘，所以人们格外珍重黄金。如果见人就是朋友，又怎么能不随时抛弃朋友呢？实际上，黄金的可贵，除了稀少、难得外，还在于它本身的价值。

正如黄金一样，朋友也是极其可贵的，应该像爱护自己的眼睛一样爱护友谊。友谊同健康一样，当人们失去它的时候，会更感觉到它的宝贵。作为一个健康人，对自己健全的肌体并不感觉到怎么样，并没有骄傲和自豪之感。可是，一旦失去了健康，人们便会深深地体验到，健康是多么宝贵，健康人多么值得骄傲和自豪！友谊也正是如此，与朋友朝夕相处，并不觉得怎么样，一旦失去了友谊，就会备感失掉的东西多么可贵。特别是当你遇到困难、挫折，遭到讽刺、打击的时候，你就失去了往日朋友的理解、安慰和鼓励，你会感觉到孤立无援的悲哀。当你身处友谊温泉的时候,请珍重它吧!固然,我们并不一概反对绝交。在有的情况下,必须当机立断,迁就姑息,犹豫不决,反而错了。例如,朋友成了敌人,就必须与之一刀两断。

总之,我们结交朋友,对待友谊,应以有利于国家、人民的利益,有利于个人健康成长为目的。当你将自身庸俗因子逐一铲除,你的气质就会得到很大的提升,随之就会凝聚成自己的气场。有了气场,别人想不欣赏你都难。

【社交口才全知道】

谦虚的话不可不说,但要少说。我国古来有句俗语叫作"谦,美德也,过谦则诈"。我们对别人说话,谦虚是应该有的,因为你的谦虚,会让别人容易接近。可是,如果你过分地谦虚,你的谦虚便失去了价值,而且别人也无法相信你。

用好沉默战术,别人自觉关注你

一般人认为,既然是说话、交流、沟通甚至说服,当然就得凭借好口才了。其实，偶尔采取沉默的战术也能达到很好的效果。

一些涉世不深的推销员经常认为：沉默意味着缺陷。可是，恰当的沉默不但是允许的，而且也是受顾客欢迎的。因为这可以给他们一种放松的感觉，不至于因为有人催促而做出草率的决定。顾客保持沉默时，就是他在考虑是否该成交了。有经验的业务员会利用一时的沉默来达到他的说服目的。

沉默可以引起对方注意，使对方产生迫切想了解你的念头。比如说，我们经常开着电视做其他事，其实这时我们并没有关注电视里的内容。可电视突然没动静了，便会想"怎么了"，接着便会立刻朝电视望去。

一般来说，人们一旦习惯了某种连续而稳定的刺激，就会逐渐分散注意力，谈话时也会出现同样的情况。所以，为了吸引对方分散了的注意力，不妨试着停顿一下。这样，对方一定会对突然的沉默产生"疑问"，从而开始关注这个戛然而止的谈话。

此外，在说服过程中，说服者通过姿势、手势、眼神、表情等非发音器官来表达的无声语言，也往往在发挥着重要的作用。在有些特殊环境里，恰到好处的沉默可以取得意想不到的良好效果。

说服跟谈判、辩论相似，凡属人与人之间的交流互动，自始至终都包含着心理上的抗衡。说服最有效的技巧之一也是对对方心理过程的把握，了解对方的心路历程和交流环节的心理变数，就胜券在握了。在说服的过程中，如果你能够用沉默来使对方不敢轻举妄动，这应该也算是一种高明的谋略。

二战即将结束之时，反法西斯联盟的三位巨头——美国总统杜鲁门、英国首相丘吉尔和苏联主席斯大林齐聚波茨坦进行会谈。

会议进行期间，杜鲁门别有用心地对斯大林说："美国已经研制成功一种新式杀伤武器，其威力比最先进的导弹还要大许多。"他暗示说这种新武器就是原子弹，并且反反复复地重复着原子弹的杀伤威力问题。

说完之后，杜鲁门双眼一动不动地盯着斯大林的面部表情，希望从那张沉稳得如同一潭静水的脸上看出一些变化。但是，杜鲁门失败了。坐在远处的英国首相丘吉尔也在和杜鲁门做着同样的事情，他从另一个角度对斯大林的神态进行仔细观察，但结果和杜鲁门看到的完全一样。

此事过后，丘吉尔对杜鲁门说："自始至终我都在盯着他的一举一动，但他没有丝毫的变化，好像一直在倾听你的谈话，仿佛对你们的新型武器早有所知。"本来杜鲁门和丘吉尔打算以此来要挟、恐吓斯大林，想在战争结束时多捞点好处，但见斯大林对此无动于衷，只得作罢。

事实上，斯大林当时的神情全是装出来的，对杜鲁门的暗示他听得明明白白，但他努力控制住自己的情绪，采用了攻心策略来消磨对方的锐气。很显然，丘吉尔与杜鲁门之所以没有达到预期的目的，正是由于他们首先在心理上自动瓦解了。

事实上，在紧张的说服过程中，没有什么比长久的沉默更令人难以忍受，但是也没有什么比这更重要。另外，一旦你利用沉默作为武器，就要提醒自己，无论气氛多么尴尬，也不要主动去打破沉默。当对方被你的沉默说服的时候，就是你成功之时。

【社交口才全知道】

古人云：腹有诗书气自华。广博、严谨的知识结构是表达者妙语连珠、左右逢源的坚实底蕴。当一个人在某些方面的经验和知识多于周围其他人时，他就对该方面的话题取得了发言权，并且有充分的自信心。因此，只有具备多方面的知识，我们才能赢得更多的发言权。

社交小贴士:讲话开好头的窍门

许多有经验的人在长期的实践中体会到一个事实:在最初十分钟内,吸引听众是最容易的,但是要保持这个状况就比较困难了。因此,从讲话的最初几句起,就要像磁铁般设法吸引住你的听众。

下面一些方法不妨试试。

1. 以讲故事开始

一般来说,可供使用的故事有幽默的和一般的两种。幽默的故事不可妄加使用,除非讲话者有幽默的禀赋,否则效果不会很理想。而一般的故事,只要讲话者在叙述时有具体情节,就能达到吸引听众的目的。

2. 以展示的物品开始

展示的物品可以是一幅画、一张照片或一件其他实物,只要有助于讲话者阐述思想就行。甚至讲话者在一张纸上写几个字,也能引起话题。

3. 以提问的方法开始

用提问开始说话,听者就会按提出的问题去思考,就会产生一种要求知道正确答案的欲望。

4. 以名人的话开始

名人是一般人心目中崇拜的对象，他们的话总有一种吸引力。

5. 以用令人震惊的事实开始

这种事实可以使听者产生一种要对说话者述说的东西追根究底的"悬念"。

6. 以赞颂的话开始

一般人总是喜欢听赞颂话。因此，讲话者开始讲话时，可以赞颂该地区的悠久历史和光荣传统等。这样气氛会很快活跃起来。

7. 以涉及听者利益的话开始

把自己的讲话内容与听者的切身利益联系起来，引起听者的关注和重视。

8. 以共同语言开始

这些话可以涉及双方以往的相同经历或遭遇，也可以涉及双方以前的密切合作，还可以展望双方友谊发展的前景，等等。

第四章

言之有理要有礼，一开口就能抓住人心

说话周到比雄辩好，措辞适当比恭维好。

——培根

做好首语礼，讲出真情实感

　　在说话的时候注意必要的礼节是非常重要的，一方面这体现了一个人的知识和修养，另一方面也表达了说话者对听者的尊重程度。在社交场合，恰当的形体语言非常重要。

　　首语，就是通过头部活动传递信息。它包括点头、摇头、侧头、昂头、低头等。这里说的首语，仅仅是指头部的整体活动传达的信息，而不包括头部的器官传递的信息。

　　点头可以表明这样一些意思：同意、致意、肯定、承认、赞同、感谢、应允、满意，也可以表示理解、顺从等情绪。摇头表示这样一些意思：不满、怀疑、反对、否定、拒绝、不同意、不理解、无可奈何等。歪头（侧头）也有多种含义：表示思考；表示天真，譬如小孩子在听大人说话或者在思考一个问题的时候，喜欢歪着头，并托着腮帮。昂头可以用来表示充满信心、胜利在握、目中无人、骄傲自满等。头一直向后仰，还表示陶醉。低头表示的情绪有顺从、听话、委屈，也可以表示另有想法等。

在首语的运用方面，我们要注意以下一些原则：一是动作要明显，尤其是它发挥替代功能的时候，如到底是点头还是摇头，要让对方看清楚，正确领会。二是要注意配合其他交际语言的使用。如点头的时候配合"嗯"，就不至于产生误会。也可以配合其他体态语言使用。有很多成语就体现了这一特点，譬如"点头哈腰""昂首阔步"等。三要注意一些文化差异。如前南斯拉夫的塞尔维亚人表示同意就是将头向前伸，土耳其人表示否定要把头抬起来，特别是保加利亚和印度的某些民族，用点头表示否定，用摇头表示肯定，与我们的习惯恰好相反。这就要求我们在与这些有文化差异的民族交往之前，先弄清楚他们的习惯。

头部的姿态是另一种语言，我们透过女性的头部姿态大体可以判断出其性格特征。比如，习惯头部上扬的女人通常自视甚高、傲慢而唯我。或许是因为她们的条件一般都不错，追求她们的男人又较多，所以她们对男人的要求很高，却很少能够真正体谅男人的苦心。头总是低俯的女人通常内向而温柔，虽然有时显得缺乏激情，但是能细心体贴、关照男人。头部侧偏的女人通常充满好奇心，但偏于固执。她们很容易与男人一见钟情，却没有相伴一生的忍耐力。

因此，在社交场合不仅要注意说话的语气，更要注意自己的首语。因为，它总会在无意间暴露你的内心活动。既是如此，就需要适当的自控能力，在场合里控制好自己的首语，恰如其分地与言语配合，必会起到很好的效果。

【社交口才全知道】

说话力求轻松、自然。约翰·莫菲说："我们不要硬是从头脑中榨出一些名言警句。当我们放松下来的时候，很多妙语就会自然而然地产生出来……"甚至在最具刺激性的谈话中，也有50%的内容是没什么意义的。只有经过一段加热过程，思想的车轮才能转动起来。

做好手姿礼，讲出声情并茂

手姿是人们在社交场合常用的表达方式，手姿礼包括手势语、手指语、鼓掌等。

手势语是通过人的上肢特别是手来传递信息，是表现力极强的一种体态语，能弥补口头语和表情语表达的不足。手势绝不能不分时间、地点、场合而滥用。手势语要优美大方，使用手势语的幅度、姿态、频率要与口头语言、表情语言和谐配合。如果下意识地滥用手势，会使对方曲解你的意思，甚至会被认为缺乏教养而引起反感。

我们在日常生活中，手势语言的运用范围很广泛，使用频率也极高。譬如：我们在街上"打的"时，手一招，司机就知道你的意思了；在开大会征求意见的时候，举手就表示赞同或者是支持；当不能满足对方要求的时候，搓手表示很为难；还有双手交叉表示自信心和优越感；摊手表示坦诚或者无可奈何。

在欧洲，人们见面时习惯用"摆摆手"来打招呼。在世界许多地方，摆手表示让人走开。在希腊和尼日利亚，在别人面前摆动整只手意味着极大的侮辱，距离越近侮辱性越大。在秘鲁，前后摆动整只手则表示"到这儿来"。可见手势语是不能滥用的，必须在合适的语境恰当地运用。

除了手姿语，说话时的手指语也很重要。手指语即通过手指的各种动作来传递信息。这种体态语言自古以来就被广泛使用。另外在语言不通的情况下，手指语还有替代功能。此外，手指语还有一种社会、民族约定俗成的传递信息的功能，这给交际带来了方便。

"向上伸小指"这一手势在中国表示"小""微不足道""最差""最末名""倒数第一"，并且引申而来表示

"轻蔑"；在日本则表示"女人""女孩""恋人"；在韩国表示"妻""妾""女朋友"；在菲律宾表示"小个子""年少者""无足轻重之人"；在美国表示"懦弱的男人"或"打赌"；尼日利亚人伸出小手指，含"打赌"之意；在泰国和沙特阿拉伯，向对方伸出小手指，表示彼此是"朋友"，或者愿意"交朋友"；在缅甸和印度，这一手势表示"想去厕所"。

同样，手指语的运用也有一些原则。首先，要看语境。在合适的场合使用特定的手指语，不然会闹出笑话。其次，不要滥用手指语。在与别人交谈的过程中，做出不友好的手势，会发生意料不到的后果。最后，要注意手指使用的频率、摆动幅度。如果频率过多，幅度过大，轻则给人缺乏修养的印象，重则会给人张牙舞爪的感觉。

在我国最为常用的手指语为向上伸大拇指，表示"第一""很棒"。如果能恰当地运用手指法可以让交谈变得更简单、亲切。

而人们在听报告或演讲时，最常用的就是鼓掌语。鼓掌语就是交际者通过双掌相拍发出声响传递信息的体态语言。鼓掌语有三个特点：第一，它的表意相对来说显得单纯些，不如握手那么复杂。一般要传递两种信息：一种是正面的，表示欢迎、感谢、支持、称赞等；另外一种是反面的，表示不满、喝倒彩、鼓倒掌，当然这些用法在某种程度上讲是不文明的。第二，鼓掌一般用来代替口头语言、传达信息，代替功能显得很突出。一般在鼓掌的时候不说话，鼓掌本身就是表态。第三，鼓掌语言在更多的时候是用在大庭广众之中，表示全体的意志和态度。这时候不需要每个人都说一番话，限于人多，也没有条件让每个人都说话。

运用鼓掌语，需要注意以下几点：第一，情况不同，运用不同程度的鼓掌。一般来说，有三种程度的鼓掌：第一种是应酬式的，动作不大，声音也较轻，时间不长，仅仅是一种礼貌的表现；第二种是比较激动的，这种发自内心的掌声，一般动作比较大，声音也很响亮，感觉比较热烈；第三种是比较狂热的，心情难以抑止。要看当时的情况，区别运用。第二，要把握时机，在该鼓掌的时候鼓掌。第三，要根据场合和对象，决定鼓掌还是不鼓掌。鼓掌既是一种礼仪，也是一种道德风尚。在观看比赛的时候，对双方都要尊重，要报以同样的掌声，给观众和客方都留下良好的印象。

【社交口才全知道】

在与人交谈中，千万不要期望对方一开始就热情高涨，善言者总是等到对方变得热心以后，才试图从他们那里引导出一些有趣的想法，因此，在谈话中一定要善于忍耐。例如，他们会先问："请问您尊姓大名？您是哪里人？您准备在这儿待多久？您是乘飞机来的吧？"等等，以激起对方的谈话兴趣。

做好体态礼，讲出自然优雅

在当今社会，通过人的身体姿态传递信息不仅是"修身养性"的基本要求，还是用来表示仪表、传递信息的重要体态语言。

体姿对一个人整体形象的塑造有着很重要的作用。人的体姿与人的相貌有同等的重要性，共同显示出一个人的气质和风度。如果站无站相、坐无坐相，即使相貌再漂亮也会大打折扣。外表相貌是天生的，而体姿可以通过后天的训练向理想姿态转变。

体姿语由两部分组成。一是指说话双方的空间距离，二是指各种不同的身体姿势。这里主要讨论体姿语运用的总体要求：准确、适度、自然、得体、和谐、统一。

所谓的准确、适度，就是要根据说话内容、说话环境、说话对象、说话目的的需要，准确、恰当地运用。自然、得体就是要求体姿语的运用不故作姿态，要适合自己的身份和交际场合。无论从审美的角度，还是从表达功能的角度，体姿语的运用都要自然、得体。既要做到符合审美的原则，给人以美感，又要符合特定的情况。和谐、统一，包括两个方面：一是体姿语言和有声语言配合统一，才能准确地表达自己的思想感情和愿望，否则就不能收到既定的效果。二是各种体姿语言要求一致且协调。要有整体观念，表情、手势、体姿不仅要配合有声语言，它们之间也应该是相互配合的。

1. 坐着说话时的礼仪

坐姿语就是通过各种坐的姿势来传递信息的语言。我国古代就非常讲究，即所谓"站有站相，坐有坐相"。坐姿是一个人修养和个性的体现，得体的坐姿可以塑造良好形象。从这一点看，也可以说是"坐如其人"。

坐姿包括就座和坐定的姿势。入座时要轻而缓，不应发出嘈杂的声音。女士应用手把裙子向前拢一下。坐下后，上身挺直，头部端正，目光平视前方或交谈对象。腰背稍靠椅背，在正式场合，若有尊者在座，不能坐满座位，一般只占座位的2/3。两手掌心向下，叠放在两腿之上，两腿自然弯曲，小腿与地面基本垂直，两脚平落地，两膝间的距离，男子以松开一拳或二拳为宜，女子则不松开为好。非正式场合，允许坐定后双腿叠放或斜放，交叉叠放时，力求做到膝部以上并拢。

在社交场合，无论哪一种坐姿，都要自然放松，面带微笑。双手不应有多余的动作，双腿不宜分开过大，或反复不断抖动。

在交流中，我们要根据场合选用适当的坐姿。运用正确得体的姿势语言可以配合有声语言更加有效、生动地传递信息，运用得好可以增强有声语言的表达效果，甚至在不便说、不愿说的情况下，巧妙运用体态语言可以收到无声胜有声的效果。

2. 站着说话时的礼仪

立姿也可以叫站姿，立姿语就是通过站立的姿态传递信息的语言。从一个人的站姿可以看出一个人的状态，一定要注意脊背挺直，目光平视，表现出愉悦和自信感。

正确的站姿是站得端正、稳重、自然、亲切。上身正直，头正目平，面带微笑，微收下颌，肩平胸挺，直腰收腹，两臂自然下垂，两腿相靠直立，两脚靠拢，脚尖呈"V"字型。女性两脚可并拢，肌肉略有收缩感。如果站立过久，可以将左脚或右脚交替后撤一步，但上身仍须挺直，伸出的脚不可伸得太远，双腿不可叉开过大，变换也不能过于频繁。站立时，如有全身不够端正、双脚叉开过大、双脚随意乱动、无精打采、自由散漫的姿势，都会被看作不雅或失礼。不管对方的态度如何，也不管交际是否顺利，都要注意自己的形象，不能失礼。

3. 行走时的说话礼仪

步姿语或者说是走姿语，就是通过行走的步态传递信息的语言。与坐姿语和立姿语不同，步姿语是动态的，所以要放到动态中来研究。

经理在礼堂做年终总结报告，宣布年终奖励名单，念到了一个职员的名字，这时，大家催促这个职员上台领奖。从座位上走出到领到奖品，这个过程大概需要运用三种步姿，由最初的稳健自得型到自如轻松型，再到庄重礼仪型，正是这种步姿的变化，适应了交际需要，给人们留下良好的印象。

简要介绍一下上面提到的三种步姿的类型。所谓稳健自得型，即行走时步履稳健，昂首挺胸，步伐较缓，步幅较大，其含义是"愉快、自得、有骄傲感"。自如轻松型是指行走时心情轻松，步幅适中，其含义是"自如轻松，比较平静"。庄重礼仪型是指行走时上身挺直，步伐矫健，双膝弯曲度小，步姿幅度、速度适中，步伐和手的摆动有强烈的节奏感，目视前方，其含义是"庄重、热情、有礼"。

一般情况下，只是要求人们行走稳健自如，步子不可迈得太大，双臂的摆动要与脚步相协调，每一步都要抬起脚来。女性的行姿要在稳重大方中略带矜持，切忌忸怩作态和矫揉造作。

【社交口才全知道】

　　社交场合要多说赞同的话。如果他说："我是在农村长大的。"你最好回答："我也是。"或多少讲一点有关农业方面的知识和经验，这会让他感到很亲切。如果他说："我喜欢吃冰激凌。"恰好你也有同样的爱好，一定要想办法告诉他。

做好握手礼，讲出温暖温度

　　握手，是人们在社交场合中司空见惯的礼仪。握手在日常生活中是一种经常使用的礼节方式，不仅常用在人们见面和告辞时，更可作为一种祝贺、感谢或相互鼓励的表示。

　　握手看似简单，但却是人与人之间进行沟通、交流、增进关系的重要手段。

　　一项新的研究再次支持了关于握手的一贯看法，即一次有力的握手不论对男人或女人来说都有利于给别人留下深刻印象。研究人员发现，良好的初次印象确实与握手时的各种特点如力量、激情、持续时间、目光交汇和紧握程度等有实质性联系。

握手不仅是一种礼节，作用有很多，如表示友情、诚意、祝愿、谅解、合作、期待、鼓励、欢迎、告别、热情、充满信心、达成协议、消除误会等。当两只不同的手碰在一起，手指稍弯，握在一起时，它会将感情迅速传递给对方。

下面介绍几种握手的样式，在以后的人际交往中可根据不同人、不同场合去运用。

1. 对等式握手

这是标准的握手样式。握手时两人伸出的手心都不约而同地向着对方，或者说到了最后都不得不将手心向着对方。这样的握手多见于双方社会地位不相上下时，由于双方都"试图"处于支配地位，通过"竞争"，最后双方的手心在握住时不得不向着对方，这也是一种单纯的、礼节性的表达友好的方式。

2. 双握式握手

美国人称政客式握手。据说美国历届总统竞选时，几乎所有的竞选人都要以这种样式与上至亿万富翁、下至西部牛仔握手。其具体样式是，在用右手紧握对方右手的同时，再用左手加握对方的手背、前臂、上臂或肩部。使用这种握手样式的人是在表达一种热情真挚、诚实可靠，显示自己对对方的信赖和友谊。从手背开始，对对方的加握部位越高，其热情友好的程度也就显得越高。

3. 支配式握手

支配式握手也称控制式握手，即用掌心向下或向左下的姿势握住对方的手。以这种样式握手的人想表达自己的优势、主动、傲慢或支配地位。这种人一般来讲说话干净利落、办事果断、高度自信，凡事一经自己决定，就很难改变观点，作风很不民主。在交际双方社会地位差距较大时，社会地位较高的一方易采用这种样式与对方握手。

4. 谦恭式握手

谦恭式握手也叫乞讨式握手，顺从型握手。与支配式握手相对，用掌心向右上或向左上的手势与对方握手。用这种样式握手的人往往性格软弱，处于被动、劣势地位，这种人可能处世比较民主、谦和、平易近人，对对方比较尊重、敬仰，甚至有几分畏惧。这种人往往易改变自己的看法，不固执，愿意受对方支配。

握手看似简单，但也要注意礼仪。

首先，握手的姿势要优雅，上身应稍稍往前倾，两足立正，伸出右手，距离对方约一步，四指并拢，拇指张开。离对方太远或太近都是不雅观的，尤其不要将对方的手拉近自己的身体区域内，这很容易造成对方的误解。握手时必须上下摆动三至七下，而不能左右摇动。当遇到比较熟悉的人或深交时，为达到某种情感的效果，可以伸出双手行握手礼。

其次，一般情况下，握手时要用右手，这是一项不成文的规定，伸左手显得不礼貌。伸出的手应垂直，如果掌心向下握住对方的手，则显示一个人强烈的支配欲，这是无声地告诉别人，你此时处于高人一等的地位，应尽量避免这种傲慢无礼的握手方式；相反，掌心向上同他人握手，则显示一个人的谦卑与毕恭毕敬。如果是伸出双手来接，就更是热情与恭敬的表现。平等而自然的握手姿态是两人的手掌都处于垂直状态，这是最普通，也是最常用的握手方式。

最后，初次见面握手时间不宜过长，以三秒钟为宜。切忌握住异性的手久久不松开，与同性握手的时间也不宜过长，以免对方欲罢不能。握手时的力度要适当，可握得稍紧些，以示热情，但不可太用力。男士握女士的手应轻一些，不宜握满全手，只握其手指部位即可。

【社交口才全知道】

当你与人交谈时，不能一味地谈论别的话题，也可适当谈谈自己。当有人要求你讲自己的时候，不要守口如瓶地拒绝。稍微告诉对方一点你的情况，他会感到十分荣幸，因为你是用非常友好的姿态与他交谈的。

做好仪表礼，讲出风度气度

　　现代社会是一个注重仪容的文明社会。从一个人的穿着打扮，可以看出一个人的审美水平、文化修养以及综合素质。整洁大方的仪表，不仅能展示自己的个性魅力，更能体现您对别人的礼貌。

　　穿着打扮具有明显的信息暗示功能，服饰的颜色、式样、档次和搭配，均可以显示一个人的性格爱好、文化修养、生活和风俗习惯。有研究表明，讲究衣着打扮的人自尊心和工作责任心较强，而穿着过于随便者多半不拘小节。在初次交往中，讲究衣着打扮的人能给人留下比较深刻的印象。下面我们就简要介绍穿着打扮中的"TPO"原则。

　　在服饰打扮上，必须完全服从国际公认的"TPO"原则。T（Time）指时间，指服饰打扮必须根据时间来决定，这是个广义的概念，既指时令、季节，又指具体月、日或星期几，也可具体到一天内的白天、黑夜、钟点、时辰。一个在三伏天还身着深色长袖制服的人，给人的第一印象不会太好。P（Place）指地点、场所、位置、职位，即服饰打扮应与所处的场合相协调。O（Object）代表目的、目标、对象，试图通过穿着打扮来达到给对方留下一个什么样的印象的目的，有目标地来选择服饰。

具体说来，穿着打扮既要自然得体、协调大方，又要遵守某种约定俗成的规范或原则。服装不但要与自己的具体条件相适应，还必须时刻注意客观环境、场合对人的着装要求，即着装打扮要优先考虑时间、地点和目的三大要素，努力使穿着打扮的各方面与时间、地点、目的保持协调一致。

一个人的行为好似一面镜子，反映出他的文化蕴涵、知识水准和道德修养。一个人的行为举止，是社交中的无声语言，是个人性格、品质、情趣、素养、精神世界和生活习惯的外在表现。在日常生活中，看某个人的行为是优雅还是粗俗，实际上就是看其行为举止是否符合礼仪的要求。要做到举止文明，首先要克服行为举止是小节问题的模糊思想，要从小处着眼、从小事做起、从我做起；其次要注意文明举止的养成和积累。只有这样，才能成为一个品格高尚的人。要养成良好的行为举止习惯，还要注意两点：首先，讲究礼貌礼节，举止有礼是自我心诚的表现，一个人的外在举止可直接表明他的态度；其次，要养成各种良好的个人习惯，克服各种不雅举止。

美国第三届总统杰斐逊和他的孙子驾着马车出去，在路上碰到一个陌生的奴隶脱帽向他们鞠躬行礼。杰斐逊举起帽子还了个礼，但他的孙子忙着和别人讲话，没有理会那个奴隶。杰斐逊严肃地说："我的孩子，难道你允许一个奴隶比你更有绅士风度吗？"这里提到了绅士风度，我们在日常生活中也总是在讲，这个人有绅士风度，那个人没有等等，那么究竟什么是绅士风度呢？一般来讲，绅士风度的内容起码要彬彬有礼，待人谦恭，衣着得体，举止不俗，富有教养。绅士风度，从传统意义上说，一般是属于比较有钱、有地位、受过良好教育的人士的。但有钱却未必就能表现出良好的绅士风度，我们这个社会现在有钱人是越来越多了，但有绅士风度的人却不多见，有钱人的粗俗野蛮举止，倒是每每引人侧目。有些人西装革履，一身名牌，其实一肚子米糠，真可惜了那一身好行头。

我们认为，风度的背后，往往要靠知识、才华来支撑，否则就是虚有其表。所谓"腹有诗书气自华"也是相同的道理。风度的美不单是外在美，它还有深刻的内蕴。优良的品质、渊博的学识、宽阔的心胸、坚强的意志、豁达的性情、远大的理想、真诚的关心，全都颇有感召力，备受人们的推崇。而这些都是通过个人的修养获得的。实际上，优美的风度离不开优美的言谈举止，言谈的智慧和举止的优雅是风度的美容术。而洒脱的外表、周到的礼节同样必不可少。再有诚恳坦率的态度、饱满昂扬的精神状态，这些也都是良好风度必不可少的构成要素。

【社交口才全知道】

让对方看到好处。再倔强的人只要有利可图，也会上钩的。要想达到自己的目的，就必须用言语刺激对方的欲望，让对方知道，只要能办成事，他就能够得到回报、得到好处，并不是给些甜头，让人相信你所说的并非空话。

运用好眼神礼，让所有目光都追随你

在人际交往中，目光接触也发挥着信息传递的重要作用。不同的目光，反映不同的心理，产生不同的心理效果。假如你初入一个场合，有人目光柔和地看向你，你一定会身心愉悦。假如你看到对方的目光是冷峻而无表情的，你一定会感到不舒服。可见，目光在人际交往中是多么重要。

眼神和心理，是交往中引人注目的一个课题，注意在实践中领悟的运用，是有价值的。如果你想和别人建立良好的默契，应60%~70%的时间注视对方，注视的部位是两眼和嘴之间的三角区域，这样信息的传接会被正确而有效地理解。如果你想在交往中，特别是和陌生人的交往中，获取成功，那就要以期待的目光注视对方的讲话，不卑不亢，只带浅淡的微笑和不时的目光接触。这是最常用的温和而有效的社交方式。

事实证明，在不同的场合运用不同的眼神礼，会起到不同的效果。关键在于你想通过眼神的交流达到一个什么样的目的。

如果你希望给对方留下较深的印象，你就要凝视他的目光久一些，以表明你的自信。如果你想在和对方的争辩中获胜，那你千万不要把目光移开，以示你态度的坚定。如果你不知道别人为什么看你时，你就要稍微留意一下他的面部表情和目光，便于采取合适的对策。如果你和别人碰面，觉得很不自在，你就要把目光迅速移开，以减少因此带来的不快。如果你和对方谈话时，他漫不经心且出现闭眼姿势，你就要知趣暂停，你若还想做有效地沟通，那就要主动地随机应变。

当然，在社交场合里，我们不仅要注重自身的眼神礼，同时也要随时留意别人向你抛来的眼神礼的用意。下面就列举一些常见的眼神礼，以助于你在社交中进一步走向成功。

1.一旦被别人注视就将视线突然移开的人，大多自卑，有相形见绌之感。

2.无法将视线集中在对方身上，并很快收回视线的人，多半属于内向性格，不善交际。

3. 听别人讲话时，一面点头，一面却不将视线集中在谈话者身上，表示对来者和话题不感兴趣。

4. 说话时，将视线集中在对方的眼部和面部，是真诚的倾听、尊重和理解。

5. 只注意自己手中的活计，不看对方说话，是怠慢、冷淡、心不在焉的流露。

6. 仰视对方，是尊敬和信任之意；俯视他人，是有意保持自己的尊严。

7. 伴着微笑而注视对方，是融洽的会意；随着皱眉而注视他人，是担忧和同情。

8. 面无悦色的斜视，是一种鄙意；看完对方突然一笑，是一种讥讽。

9. 突然圆眼瞪人，是一种警告或制止；从头到脚地巡察别人，是一种审视。

10. 彼此心存好感的两人说话，更注视对方的眼睛，以示寓意通达。

11. 话不投机的人相遇，一般都尽量避免注视对方的目光，以消除不快。

12. 有人在交际中喜欢戴太阳镜，即使在室内或阴影下，也不将眼镜摘下，是因为他不愿让别人从他一双眼睛发现他的秘密。然而，戴着深色眼镜与人交往，目光不能等同的接触，会造成一些隔膜和不悦。

【社交口才全知道】

在与人交谈时，有的人常挖空心思去想一些很有水平的话，以显露自己的本事。但是，若没有顾及对方的感受，对方在你的这种强势情绪下当然会不甘示弱，也会比你更加努力地找一些有水平的话……这样循环往复，你们就不是在交谈，而是在斗智。太强势的语言会给对方造成压抑感，因此在交谈中切勿表现得过于强势。

遵守社交礼仪，在谈吐中提升影响力

人与人的交流与沟通，用得最多的就是语言，因此，语言礼仪也成为社交礼仪中的重要表现形式之一。

总体来讲，语言礼仪可以分为语音类、口头类和书面类等三种礼仪形式。

1.语音类

通过不同的语音来表示礼仪，即通过声音的高低、音色、语速、声调等来暗示不同的意义。首先，声音表达要让人感到真切、朴实、自然；其次，音量要控制得当，需轻柔时勿高昂，需低沉时勿喧哗；最后，音调要注意抑扬顿挫、和谐有致。

2.口头类

通过口头语言的方式表达各种礼仪，即以谈话的方式表示礼节。表达要注意时间原则、地点原则和对象原则。

3.书面类

通过书面语的方式表达礼仪，用于非面对面人际交往时。通过感谢信、贺电、函电、唁电、请柬、祝辞等书信形式来传情达意，有两大特点：一是礼节性，二是规范性。

无论在哪种社交场合，人们普遍反感的一种人就是随意地打断别人的谈话。不分场合，不分时间、地点，随意打断别人谈话是非常不礼貌的行为，也极易引起别人的抵触情绪。

他人的自我意识好像一个卫兵，站在他的潜意识的入口，如果你唤起了他的自我意识或把它激发过重，他绝不会接受你的意见。因此，如果你想跟对方说话、说服对方，请先不要打断他，让他陈述他的意见和理由，即使你不同意和不愿意接纳他，也不要打断对方，尤其是提出直接反对意见时，更应先听对方的意见，等听完后再开始说"你说得很有道理，但是……"等反对理由。

心理学家提出一个概念——心理定势：若一个人心里有事，他就会启动其心理定势准备讲话，直到他把事情全部说完，他的心理定势才会转而听你的意见。

所以，假如你想让自己的意见被对方听进去，达到说服他的目的，首先必须学会听对方讲话。这么一来，对方就会有一种你很注意听他说话的感觉，认为你尊重他的意见，进而产生想和你说话的心理。这时，对方已经对你有了好感，会不知不觉地朝被说服的方向去思考问题。这一点是在说服对方时相当重要的一种心理战术。

如果你不听对方的意见就直接提出反论，那么，势必引起对方在感情上的反驳，当然也就无法引起他听你说话的欲望。所以，你这样做是极不明智的，尤其是对一些比较霸道和固执的人，采取这种方式会马上遭到反驳。

最有攻心技巧的人，当他的意见遭到反对，或某人要发牢骚时，总是耐心地听对方把话讲完，还进一步请对方重复其中某些观点和理由，询问对方是否还有别的什么事情要说。这样做不仅消除了对方的抵触情绪，还能使对方意识到倾听者对他的观点感兴趣。

　　另外，社会心理学家通过对人际关系的研究，一致提出，人际相处的一个最根本的信条就是"不批评对方"，并且要完全倾听对方的谈话，只有这样才能使对方开怀畅谈。心理咨询时，心理医生通常都尽量让对方说完自己想说的话，而避免在中途打岔。否则，对方倾诉的欲求得不到满足，彼此也就无法建立较亲密的交谈关系，甚至会造成双方敌对的情绪。另外，一项客户与推销员问题信赖程度的调查也显示：那些在商品售出之后会受到客户非分要求的推销员，大部分都喜欢说话并且经常打断客户的话。

　　因此，在社交场合中，想要打开对方的心扉，建立起亲密的关系，就要遵循语言礼，注意自己说话的方式。这样，才能赢得别人的认同和信服，才能提升自我的影响力。

【社交口才全知道】

　　塑造良好的交际形象和语言形象，对我们来说有着十分现实的意义。不少人，为了使别人赞同自己的意见就说个不停，使别人根本没有说话的余地，尤其是有的推销员最易犯这个毛病，这样做是不对的。因此，在说话时，一定要耐心地听别人说话，等别人把话说完。

注意说话礼貌，切勿踏入言语禁区

礼貌是文明交谈的首要前提。在交谈中要体现出敬意、友善、得体的气度和风范。要做到礼貌交谈，首先就要使用礼貌用语，如"请""谢谢"等；其次，要注意学习一些礼貌忌语，一语不慎造成的后果可能是不能够弥补的。

礼貌忌语是指不礼貌的语言、他人忌讳的语言，以及会使他人引起误解、不快的语言。不礼貌的语言，如粗话、脏话，是语言中的垃圾，必须坚决清除。他人忌讳的语言是指他人不愿听的语言，交谈中要注意避免使用。如谈到某人死了，可用"病故""走了"等委婉的语言来表达。港澳台同胞忌说不吉利的话，喜欢讨口彩。特别是香港人有喜"8"厌"4"的习惯。因香港人大都讲广东话，而广东话中"8"与"发"谐音，"4"与"死"同音。因此，在遇到非说"4"不可时，可用"两双"来代替。逢年过节，不宜说"新年快乐"或"节日快乐"，而用"新年愉快""节日愉快"或"恭喜发财"代之。这也是谐音的关系，因为"快乐"与"快落"听起来很相似。

容易引起误解和不快的语言也要注意回避。在议论他人长相时，可把"肥胖"改说成"丰满"或"福相"，"瘦"则用"苗条"或"清秀"代之。参加婚礼时，应祝新婚夫妇"白头偕老"。在探望病人时，应说些宽慰的话，如"你的精神不错""你的气色比前几天好多了"等等。随着语言本身的发展，一些词汇的意义也发生了转移，譬如"同志""小姐"等，在使用时要针对不同对象谨慎决定。还要注意在日常生活中，遇到矛盾冲突时，应冷静处理，不用指责的语言，多用谅解的语言。

此外，在交谈中，我们还应当避免争论的话题，即使你对这个话题有坚定不移的立场，最好也不要提起，因为争论很容易造成敌对心理，争执双方很快会陷入"竞争状态"，舌剑唇枪，互不相让，很少有人能对敌对者的攻击采取温和的反应，所以最好不使善意的讨论变成激辩。

其实，两个人之间的交谈很简单，只要找出双方都感兴趣的话题就行了。假如对方对你的话题不置可否，你须留意，切勿尖刻、偏执地讨论这个题目，还是另择题目为好。辩论对两个头脑冷静、有谈话技巧的对手来说是一种开心的游戏，可对于容易冲动和脾气不好的人却是一件危险的事。

人们在交谈中常有一些失言："哎，你儿子的脚跛得越来越厉害了。""你怎么还没结婚？""你真的要离婚吗？"等，一些别人内心秘而不宣的想法和隐私被你这些话无情地暴露了出来，实在是不够理智的。如果你想让人喜欢，就不要对跛子谈跳舞的好处和乐趣，不要对一个自立奋发的人谈祖荫的好处，不要无端嘲笑和讽刺别人，尤其是别人无能为力的缺陷，否则就是一种刻薄。

此外，除非是熟识的亲友，不必多谈对方的健康问题，他若身有不适，很可能勾起他的愁绪，一旦他抱怨起自己的疾病和痛苦，你又未必会感兴趣，但你若没表露足够的同情心，则会使对方觉得你冷漠、自私。既然如此，何不谈些令人愉快的事呢？

一般说来，批评别人的话题应尽力避免，然而赞美别人所做的工作和本领却是很合宜的，常会使听者感到愉快。

【社交口才全知道】

当对方在同你谈某事，因担心你可能对此不感兴趣，显露出犹豫、为难的神情时，你可以趁机说一两句安慰的话，如"你能谈谈那件事吗？我不是十分了解"。

此时你说的话是为了表明一个意思：我很愿意听你的叙说，不论你说得怎样，说的是什么。这样可以消除对方的犹豫，坚定他倾诉的信心。

客气不要太客套，讲话到位才是妙

　　假若你到一个朋友家里，你的朋友对你异常客气，你每说一句话，他只有"嗯、嗯"而答，每当和你说话时，总是满口客套，唯恐你不高兴，唯恐开罪于你。如此一来，你一定觉得如芒刺在背，坐立不安。

　　这样的情形你大概经历不少，同时你就得想想，你如此对待过你的客人吗？虽然是客气，但这客气给人的显然是痛苦。开始会面时说几句客气话倒不成问题，若继续说个不停就太不妥当了。谈话的目的在于沟通双方的情感，增加双方的兴趣。而客气话，则恰恰是横阻在双方中间的墙，如果不把这堵墙搬走，人们只能隔着墙，做极简单的敷衍酬答而已。

　　朋友初次会面，略谈客套后，第二、第三次的见面就应竭力少用。那些"阁下""府上"等名词，如果一直用下去而不在相当时间以后省去，则真挚的友谊便无法建立。

　　客气话是表示你的恭敬或感激，而不是用来敷衍朋友的，所以要适可而止，多用就流于迂腐、流于浮华、流于虚伪。有人替你做一点小小的事情，譬如说倒一杯茶吧，你说"谢谢"，也就够了。要是在特殊的情形下，那么最多说"对不起，这事情要麻烦你"也就很够了。但是有些人却要说"呵，谢谢你，真对不起，我不该拿这些小事情麻烦你，真使我觉得难过，实在太感激了……"一大串，你在旁边看见也会觉得不舒服，可是你自己也有这样的毛病吗？

说客气话的时候要充满真诚。像背熟了的成语似的流水般泻出来的客气话，最易使人讨厌。说时态度更要文雅，不可显出急促紧张的状态。还有，说客气话时要保持体态的均衡，过度的打躬作揖、摇头摆身作态来帮助你说客气话的表情，并不是一个"雅观"的动作。

把平时对朋友太客气的说话略为坦率一点，你一定可以享受到友谊之乐。对平时你从来不会表示客气的人们稍微客气一点，如你的孩子、商店的伙计、出租车司机等，你一定会收到意外的好处。

过分的客气话，在一个朋友家中，这是窘迫主人的最好利器，而当你是主人的时候，那又是最好、最高明的逐客方法。这方法的奏效，更胜于把他大骂一顿，如果你怕朋友到家里干扰你，拼命跟他说客气话好了，临走勿忘请他有空再来，你知道他绝不会再来的。

前面说明太多的客气话使人不愉快。现在，来讨论说客气话应该注意哪些事情：缺乏真诚的、刻板的客气话，必不能引起听者的好感。"久仰大名，如雷贯耳。""贵号生意一定发达兴隆。""小弟才疏学浅，一切请阁下多多指教。"……这些缺乏感情的，完全是公式化的恭维语，若从谈话的艺术观点看来，是非加以改正不可的。

【社交口才全知道】

在我国，同人打招呼常习惯问"你吃饭了吗？你到哪里去？"似乎太单调，也有点不雅致，在这方面，我们应丰富自己的礼貌语言。如见面时称道"早安""午安""晚安""你夫人（先生）好吗""请代问全家好"等。语言要温和亲切，音量适中，让人心生愉悦。

社交小贴士：如何插话不失礼

我们不提倡随口插话，但一个人如何在倾听过程中巧妙插话以达到交流的目的，则是有必要掌握的。根据不同对象可采取不同的方法。一般的方法有以下几个：

1. 当对方在同你谈某事，因担心你可能对此不感兴趣，显露出犹豫、为难的神情时，你可以趁机说一两句安慰的话：

"你能谈谈那件事吗？我不十分了解。"

"请你继续说。"

"我对此也是十分有兴趣的。"

此时，你说的话是为了表明一个意思：我很愿意听你的叙说，不论你说得怎样，说的是什么。以消除对方的犹豫，坚定他倾诉的信心。

2. 当对方由于心烦、愤怒等原因，在叙述中不能控制自己的感情时，你可用一两句话来疏导：

"你一定感到很气愤。"

"你似乎有些心烦。"

"你心里很难受吗？"

说这些话后，对方可能会发泄一番，或哭或骂都不足为奇。因为这些话的目的就是把对方心中郁结的一股异常情感"诱导"出来，当对方发泄一番后，会感到轻松、解脱，从而能够从容地完成对问题的叙述。

值得注意的是，说这些话时不要陷入盲目安慰的误区。不应对他人的话做出判断、评价，说一些诸如"你是对的""他不是这样"一类的话。你的责任不过是顺应对方的情绪，为他架设一条"输导管",而不应该"火上浇油",强化他的抑郁情绪。

　　3. 当对方在叙述时急切地想让你理解他的谈话内容时,你可以用一两句话来"综述"对方话中的含意:

　　"你是说……"

　　"你的意见是……"

　　"你想说的是这个意思吧……"

　　这样的综述既能及时地验证你对对方谈话内容的理解程度,加深对其的印象,又能让对方感到你的诚意,并能帮助你随时纠正理解中的偏差。

　　以上三种倾听中的谈话方法都有一个共同的特点,即不对对方的谈话内容发表判断、评论,不对对方的情感做出是与否的表示,始终处于一种中性的态度。切记,有时在非语言传递的信息中你可以流露出你的立场,但在语言中切不可流露,这是很重要的。如果你试图超越这个界限,就有陷入倾听误区的危险,从而使一场谈话失去了方向和意义。

第五章

说好场面话，让人觉得你是很厉害的人

三寸之舌，强于百万雄兵；一人之辩，重于九鼎之宝。

——《战国策》

兼具说服力，说出有智慧的语言

在交际场合，是否具备说服力成为我们建立和谐人际关系的关键。说服是一门艺术，更是一个人综合素质的具体体现。在日常生活中，要想因某事而说服某人，就必须掌握一些说服的技巧和法则，让别人打心里信服。

我们在和别人交往，尤其是和陌生人交往时，会有某些要达到的目的。而这些目的或多或少都需要对方接受自己、相信自己。因此，掌握说服的原则尤为必要。

第一个原则，是动之以情。顺利地接近被劝说者，使其产生愿意听从劝说的感情，是成功改变他人态度的基础。人是理智的动物，却常常做出缺乏理智的行为。从某种意义上说，人的行为是受外界的思想或建议影响的。比如在日常生活中，人们会不假思索地就把某种品牌列为最佳品牌，这就是因为受到了外界因素的影响。这就告诉我们，要说服他人，就要动之以情、晓之以理。

要关心他人。人们都有被尊重和被爱的需要，每个人都希望得到他人的尊重和爱护。人们受到了关心，就会产生感恩之情，就容易听得进去意见和建议。劝说不是压制，心理学上有"对抗理论"，人们都喜欢自由地支配自己的活动，而不愿意听他人的指挥，让人摆布。强迫某人做某事，就会让对方感到自主权受到了伤害，而唤起对方对立的情绪。鉴于这种心理，在说服他人的时候，要尽量用商量的语气，以保护对方的自尊，这样也有利于取得好的说服效果。此外，我们在和人交谈中，巧妙地运用语言造成某种特定的情感环境，也有助于说服他人。

第二个原则，是消除他人的戒备心理。在与陌生人打交道的时候，双方都会存在一定的戒备心理，这种心理状态会影响双方自如地交往。所以，消除戒备状态、让人放松是首先要解决的问题。当交往对象持有顽固的见解时，直来直往地阐述自己的观点往往会碰壁，遇到这种情况最好采取"迂回战术"。

所谓的迂回战术，就是把对方的注意力从他敏感的问题上引开，绕个弯子，再回到正题上来。这样可以消除对方的戒心，避免陷入僵局。卡耐基曾经告诫人们："与人交谈，要让对方接受自己的观点，不要先讨论双方不一致的问题，而要先强调，并且反复强调你们一致的事情。让对方一开始就说'是''对的'，而不要让对方一开始就说'不'。"

心理学研究发现，当人们说出"不"字的时候，他的整个肌体，包括肉体和精神，都处于一种明显的收缩状态，这种状态往往会使他拒绝任何人的意见。同时，当"不"字说出来以后，人们就不愿意再悔改。哪怕他明显地意识到自己出现了错误，也会找出种种理由为自己辩解，甚至会贬损对方的观点，这就是某种自尊心作祟。

明白了这个道理，在劝说对方的时候就尽量不要让对方把"不"字说出来，或让他暂时忘记自己的观点。要尽可能地让对方说"是"，这时候他是放松的，比较容易接受他人的意见，至少不会轻易地反对，而会先权衡。而一旦"是"字说出口，他也不会再轻易地否定了。所以要利用这种心理学效应让对方接受你的意见。

第三个原则，是要有严谨的逻辑性。劝说是说服，而不是压服，总需要通过摆事实、讲道理来进行论证。而论证是否有力很大程度上取决于话语的逻辑性。严谨有力的逻辑通常让对方无力辩驳，甚至能够起到让对方自我说服的作用。

古希腊哲学家苏格拉底常常采用逻辑上的归谬法让他的学生认识到原来观点的错误。他提出一些问题让学生谈自己的观点，并不断地补充问题，诱导学生把错误的前提逐渐推到荒谬的结论。然后引导学生按照正确的逻辑思维，一步步通向自己的观点。这种方法引起了社会心理学家的兴趣，并在此基础上逐渐形成了一种劝说技巧——逻辑诱导法。

这种方法就是在劝说之前，先明确要改变对方什么态度，然后找一些和这种态度相背而对方又不得不承认的事实来发问，使对方处于两难推理中，要么否定自己原来的观点，要么否定自己眼前的事实。既然事实是无法否定的，就只能改变自己原来的观点了。这样的逻辑诱导就达到了说服的目的。

【社交口才全知道】

有一个较为有效的让人信服的方法，就是借用权威。因为人们总是喜欢附和比自己优秀的人，或是权威者的意见和判断，尤其是在不太认识的人或不懂的事物前，自己无法判断并下结论时，这种倾向更为明显。这就是心理学上所说的"威望功效"。

保持理性，到什么山头唱什么歌

古人云："言为心声。"说话的好坏，主要取决于说话者的思想水平、文化修养、道德情操，但讲究语言的艺术也同样十分重要。同样一种思想，从不同的人嘴里说出，往往会收到不同的效果。

良好的谈吐可以助人成功，蹩脚的谈吐则令人障阻重重。在日常生活中，我们身边的人总是多种多样，有口若悬河的，有期期艾艾、不知所云的，有谈吐隽永的，有语言干瘪、意兴阑珊的，有唇枪舌剑的……人们的口才能力有大小之分，说话的效果也天差地别。因此，要想在说话上成为高手，达到"到什么山上唱什么歌"的境界，就必须把握其中的奥秘。

一个人的话能否被别人所接受，取决于他的可信度，而要提高可信度，不仅在形象上要做到衣饰恰当、举止大方、谈吐自然得体、眼神专注、表情沉稳等，还要会观察对方。

不同的人接受他人意见的方式和敏感度都是不同的。一般来说，文化水平较高的人，不屑听肤浅、通俗的话，对他们应多用抽象的推理；文化层次较低的人，听不懂高深的理论，对他们应多举明显的事例；对于刚愎自用的人，不宜循循善诱，可以激他；对于喜欢夸大的人，不必表里如一，不妨诱导；对于生性沉默的人，要多挑动他发火；对于脾气急躁的人，用语要简明、快捷；对于思想顽固的人，要看准他的兴趣点，进行转化；对于情绪不正常的人，要让他恢复正常后再谈。只有知己知彼，才能对症下药，收到最好的说话效果。

"凡事预则立，不预则废。"所以说话前，你有必要对下列问题仔细地考虑：你要对谁讲，将要讲什么，为什么要讲这些内容，怎么讲法，有什么有利因素和不利因素，怎样处理等。在交谈中，每说一句话之前都要考虑一下你要说的话是否合适，切勿口无遮拦，想说什么就说什么，给其他人造成不快。

在社交活动中，应以诚待人，宽以待人，与人为善，不要打听、干涉别人的隐私，评论他人的是非。不要无事生非，捕风捉影，也不要东家长、西家短，更不要传小道消息，把芝麻说成西瓜。说话要有事实根据，不能听风就是雨，随波逐流。俗话说："良言一句三冬暖，恶语伤人六月寒。"口出恶语，不但伤人，而且有损自身形象。在社交活动中，应当尊重人，温文尔雅，讲究语言美，而不要自以为是，出言不逊，恶语伤人，甚至滔滔不绝，说个不停。

此外，如果两人相见，话不投机怎么办？不妨把"话不投机"的对方当作会话训练的对手。有一种人，当他和某人在一起时，总是有说不完的话，可是和另一个人在一起时，却沉闷得不讲一句话。

俗语说："酒逢知己千杯少，话不投机半句多。"有些朋友一旦感到与对方讲话不投机，自己虽有话题，也不愿提出，而且从心底里拒绝接受对方的意见，这不是一个有教养的人所应有的态度。培养自己的会话能力，除了会话的场合与次数要多以外，更要把握与各式各样的人交谈的机会。你或许会发现自己对某个人有很深的成见，一见到他，就产生一股厌恶感。这时，你不要逃避，应该更积极地去跟他交谈，这是训练会话技巧的最佳方法。你可以选择一些比较轻松的话题跟他谈，例如电影、音乐、旅行等，通过这些交谈，可以促进两人之间的感情，增加彼此的了解。经过几次交谈后，或许你会发觉："哦！原来他不是一个那么令人讨厌的人！"也可能你们从此会变成一对很谈得来的朋友。

影评家淀川长治曾说："我从来没有碰到过令我讨厌的人。"这是一句了不起的名言，你如果能够去除不跟讨厌的人讲话的观念，一定会变得很有人缘，会话技巧也必提高。这种一举两得的事，何乐而不为呢？而如果一次话不投机就放弃了深入了解的机会，或许失去的要比得到的更多。记住，给彼此一个机会，或许你就能收获一个知心的朋友。

【社交口才全知道】

如果你不知道该与对方说什么，那就从对方的工作性质出发寻找合适的话题。假定你的谈话对象是一位医生，而你在医学方面完全是个门外汉，你可以说"近来流感好像又开始流行了，你们大概又忙于给一般人打预防针吧？"这个问题既是大家都关心的，又是对方的工作问题，经你一问，对方的口便开了。由此，就可以延着健康的话题继续交谈下去。

机敏回答，非常场景巧应对

通常来讲，人们都喜欢与反应机智、说话幽默的人交谈。而在不同的场合，我们经常会遇到不同程度有意或无意的言语刁难，这就要求我们具备及时应变能力，巧妙回答，有力一击。巧妙回答主要有如下八种方式：

1. 变答

所谓变答，是应答者面对别人不怀好意或咄咄逼人的问话，不答不妥，直接回答又非常为难时所采取的一种机智巧妙地改变答话内涵的答话方式。这种答话可以以攻为守，化害为利。

回答时有意改变话题，既能避免正面作答，又能引出使对方最为头痛的问题，使对方不好再行追问，显得有礼、有节、有利。这样以进攻来作为防守的变答，既不失尊严，又能从气势上压垮对方，让自己把握主动权。

2. 岔答

一位农民在傍晚行船，一个干部模样的人从桥上经过，向下警觉而不客气地问道："什么船？"农民不动声色地答道："水泥船。"那个干部又问："干什么的？"农民仍从容地答道："行船的。"旁边的人听罢，禁不住哈哈大笑起来。这段对话中，问者带有责问甚至审问口气的两句问话，被答话者巧妙地岔开，使问话的人非常尴尬。

按理讲，行船的农民是了解问话的用意的，所谓"什么船"，是问装的是什么东西，绝不是问船的质地。而他却有意岔开去，使问的人不好再问。所谓"干什么的"，是问行船去做什么事的，而不是明知故问行船与否。农民又以没有提供任何话语信息的"行船的"岔开去，这就让干部的两次问话两次落空，等于白问。这其实反映了当时农民对某些干部和政策的一种不满与排斥情绪。

3. 拈答

所谓拈答，就是运用修辞学中的拈连手法，将对方话中的中心内容（语言）进行另外的一种解释，以此作为自己回答问题的主体内容。王蒙新时期的小说与他当年的成名作《组织部新来的年轻人》在风格上有很大的变化。有一位读者在一次座谈会上直截了当地向他提出"你能不能再保持《组织部新来的年轻人》的风格"时，他说："不论有多少好心的读者希望我保持'组织部'的'年轻人'的风格，但是，这是不可能也是不必要的。二十年来，我当然早就被迫离开了'组织部'，也再不是'年轻人'……"

这段话，巧妙地运用了拈连手法，语意双关，把读者的关心、自己的因素、事情发展的必然性等问题全部做了回答。特别是"被迫离开了'组织部'"这句话，将蒙冤受屈二十多年的流离生活之痛皆蕴藉其中，同时也表明：文学道路是发展的、变化的，不可能原地踏步，一成不变。后一句"再不是'年轻人'"，与前句结为一体，含蓄地说明：因为时间的推移、年龄上的悬殊、文学道路的艰辛、思想上的成熟、语言运用的老练，以及时代需要创新等因素，自己不应该也不可能保持原有的风格，变是自然，而不变却意味着倒退。

4. 引答

说话作文，引用名人名言、哲人睿语、方言俗语、民间歌谣等，以佐证自己的答话，增加其可信度，这样更能显得新鲜生动、活泼有趣，增强感染力。

光武帝刘秀的姐姐（湖阳公主）死去丈夫后，看中了朝中品貌兼优的宋弘。一次，刘秀召来宋弘，以言相探："俗话说'人地位高了，就改换自己结交的朋友；人富有了，就改换自己的妻子'，这是人之常情吗？"宋弘回答说："我听说人在生活穷困、地位低下时候的朋友不能忘记，最初的结发妻子不能让她离开身边。"

刘秀运用俗语来试探宋弘，以期得到宋弘的共鸣，让他来娶湖阳公主。而宋弘是个品德高尚的人，不为所动；但是既不能含糊其词，留下后患；又不能直来直去，冒犯皇上。于是，宋弘巧妙地引用古语，言辞委婉而又毫不闪避地表示了自己的决绝态度。

5. 错答

错答，就是故意将回答的内容向错误的方向来解释的一种答话方法。错答不是科学论辩中的应答方式，但作为一种语言技巧，它却能非常高明地摆脱不必要的麻烦与纠缠。

俄国有一个民间故事：一只熊要找人较量一番，它先是遇到一个小孩，就问："你是不是人？"小孩子说："我现在不是人，我将来是人。"后来又碰到一个老头儿，它问："你是不是人？"老头儿说："我现在不是人，我从前是人。"

错答不同于一般的谎答，因为它从某个特定角度，或从宽泛意义上讲是对的。在小孩子看来，小孩非人；在老头儿看来，老头儿非人；合民俗，通情理。但从严格意义上讲是错的。人，不分男女老幼，都是人。老人与小孩的回答就这样富有哲理情趣而又不合科学道理。在似错非错、似真似误、痴人说梦、扑朔迷离的云雾中，就让老熊上了当。

6. 推答

人们经常遇到出言不逊或有意为难的问话或对话，这就需要应答者巧用心智，将计就计。"即以其人之道，还治其人之身"，顺着对方的话将对方的话语推回去，使之作茧自缚，从而收到出人意料的效果。

有一次，我党干部同国民党反动派辩论，在我方义正词严的雄辩面前，对方理屈词穷，进而恼羞成怒，气急败坏地叫嚷说同我方讲理是"对牛弹琴"！我党干部当即灵机一动，利用对方抛下的话语，将计就计，随即反驳过去："对！牛弹琴！"

"对！牛弹琴！"将原来的一个成语，通过巧妙地利用句读，将四个字中的第一字截取下来，使介词活用成肯定性动词，自成一句，斩钉截铁，不容置疑！并且巧妙地将乱说一通的反动派所做出的论辩，比喻为如同牛弹琴一样。一个巧妙的推答，蕴藉着如此丰富的内涵，起到了痛击敌方，使我方终于取得了彻底的胜利。这种顺手牵羊的推答，具有无可辩驳的逻辑力量。

7. 截答

一般地说，答话者都应让问话者讲清楚，再做回答。可是，在某些特殊情况下，对方话一讲完，就会揭开某种秘密，难以收拾；或顺问作答，难以应付。因此，估计到对方所问内容，在对方未讲完的情况下，截住话头，迅速作答，一可迁移其他听众的注意力，二可使问话者有所领悟，改换话题，铺好台阶，便于圆场。

八场闽剧《洪武鞭侯》第七场，朱元璋与太子朱标两人微服至民间察访，不料在酒店中被不愿为官、甘当布衣的陈君佐认出来了。

朱元璋：店家，取上好菜饭。

店小二：是！

陈君佐：（闻声察觉）呵！

朱元璋：（见陈君佐）先生不是淮阳陈君佐吗？

陈君佐：（急离座，欲跪）臣……

朱元璋：（急阻）寻，寻什么？莫非是寻酒寻肉！

陈君佐：这个……

朱元璋：彼此原是布衣深交，今日正可重温旧谊，何必多礼呢？

陈君佐：这位莫非是太……

朱元璋：他是太不知礼了。标儿，这就是我常常提起的陈君佐先生。

陈君佐听见朱元璋的声音之后，立即想行君臣之礼，刚按习惯称臣时，朱元璋立即截取话头，利用"寻"与"臣"语音相似，又由于陈离座之举动，语和境相随，抢口问他"寻什么"，自然地搪塞开。当陈君佐脱口想说"这位莫非是太子"时，朱元璋又截断问话作答，说"标儿""太不知礼"，"太"字恰巧成了引出答话的媒介。这一答，既巧妙地解答对方的疑问——是"标儿（即太子）"，又遮掩了别人的耳目。

8. 喻答

一个生动形象的比喻，能化复杂为简单，化艰深为浅显，化抽象为具体。遇到一些棘手的提问，或难以用通常语言表达的问话，如果用一个通俗形象的比喻来回答，就会胜过几多话语——这就是喻答。

1936年11月，中国发生了震惊中外的"七君子事件"。著名爱国民主人士史良被捕后在法庭上与法官、检察官进行了多次论辩。其中，针对"七君子"的电报与"西安事变"的所谓联系，有这样一段对话：

检察官问：你们给张学良的电报引起"西安事变"。

史良答：比方刀店卖刀，买了刀的人也许用来杀人。检察官的意思，难道杀了人要刀店负责吗？

这件事如果就事论事，可能既费口舌而又说不清。史良只用了一个通俗的比喻，即刀店与买刀者杀人的关系，严正地指出自己的观点：西安事变要发电报的人负责与杀了人却要刀店负责同样是无比荒谬的。这样，既指出检察官"你们给张学良的电报引起'西安事变'"的推论不能成立，又讽刺了检察官的愚蠢与蛮横。

由此可见，巧妙的喻答既充满睿智，以简驭繁，又有深入浅出的功效。

【社交口才全知道】

结识忘年交。青年人离不开老年人的提携和帮助。要发展代际交际，青年人必须客观地、辩证地认识老年人与青年人各自的长短、优劣之处，看到代际交际对双方的"互补"功能。青年人有活力，老年人有阅历。"家有一老，如有一宝。"在你的人际圈子中，老年人也是必不可少的。

关键时刻，迅速转换你的话题

一般来讲，转移话题绝对是善言者的制胜法宝。口才机敏的人总能在适当时机，迅速将话题转换，从而令谈话向着有利于自己的方向发展。下面介绍八种技巧，以供参考。

1. 自然转换法

即使再好的话题，也有兴趣低落的时候，这时可以停止对原话题发表意见，自然地引出另一个话题。

某中学唐老师，悉心钻研中国古典文学，出版了20万字的《中国诗歌发展史》一书，该校的文学社小记者到唐老师家采访。

小记者：唐老师，您的大作《中国诗歌发展史》与读者见面了，我们想请您谈谈撰写这本书的经验，好吗？

唐老师：（很为难地，沉默了片刻）只是一个专题学习，谈不上什么经验。

小记者：（抬头，望着墙上的隶书）唐老师，这隶书是您写的吧！（转换话题）

唐老师：是的。

小记者：那么请您谈谈隶书的特点，好吗？

这正是唐老师感兴趣的和愿意谈的话题，于是唐老师便由"蚕头燕尾"讲起，讲得细致、认真。在讲这个问题的过程中，小记者又不失时机地说："唐老师，您对隶书很有研究，我们以后还要请您多加指导，不过，我们现在十分想听听您是怎样写成《中国诗歌发展史》这本书的。"此刻，唐老师深感盛情难却，也就只好加以介绍了。这样既缓和了气氛，又达到了谈话的目的。

2.打断引开法

在交谈中，遇到紧急情况，需要立即打断，巧妙引开。例如：张三患胃癌住院，为了稳定病人情绪，需要瞒住病人。一天，张三的妻子正在给他吃药的时候，儿子闯进来冒失地问："爸爸，听说你这病是胃……"妻子立即打断儿子的话，说："胃溃疡，不要紧的。"这一打断后的转移话题，巧妙地利用儿子话中的"胃"字，引开了关于"胃癌"的敏感话题，将病情轻松地引到了"胃溃疡"上面。这就既防止了丈夫病情的泄露，也让儿子知道了自己的冒失，可谓一箭双雕。

3.一词多义法

日常用语中的词绝大多数是多义的，例如"老"字，仅《现代汉语词典》中的解释就有17种含义，以"老"字打头的词条148个，这就给岔题提供了广阔的空间。在农贸市场上，一个小伙子高声叫卖："又长又嫩的蚕豆，快来买啊！"一个大娘看了一眼说："你的蚕豆老了。"小伙子机灵地说："大娘，你说对了，我的蚕豆老多了，种了一亩多地，长得很好，能收好几千斤，自家产的，您老要买，咱少算点儿钱，秤头高一点儿。"于是，大娘留住脚步，其他人也凑了过来。这个聪明的小伙子就是把与"嫩"相对的"老"，改换成表示"极""很"等意思的"老"，并与"多"连在一起，变成了表示数量"老多老多"的意思，岔开了原来的对自己不利的话题，做活了生意。

4.同音异义法

在现代汉语里，同音异义字很多，音同义不同或音相近而义不同，这在书面语言里是界限分明的，不容混淆。由于谈话用口语，以声传义，不见字的形体，这就有了相当的含混性。利用这种含混性，抓住同音异义的词语，就可以巧妙地把话题岔开。请看下例：

鲁侍萍：（走到周萍面前）你是萍……凭什么打我的儿子？（出自曹禺《雷雨》）

鲁侍萍利用"萍"与"凭"音同义不同，把话题从认周萍为自己的儿子岔到责问周萍为什么打人上来。由于音相同义相异，仅一字之差，话题全改。

5.求新好奇法

求新好奇是人们普遍的心理要求，在新与旧、平与奇这根杠杆上，人们的注意力总是愿意往新与奇的一端倾斜。谈话中的话题至少有一方是感兴趣的，如果能再提出一个更新鲜、更有趣的话题，利用好奇心理，就可以把对方的谈兴吸引过来，自然地岔开原来的话题。

6. 眼前景物法

谈话都是在特定的时境中进行的，眼前的景物、周围的人物、室外的天气、室内的陈设、身上的服饰、手中的物品、传来的声音……总之，凡能进入视觉、听觉范围内的一切，都能吸引谈话人的注意力，随时可以成为交谈的话题，特别是当这些事物发生急剧变化的时候，在强烈的心理震动下，常常会下意识地中断谈话去关注正在发生的激变，这就为岔开原来的话题提供了可以利用的机会和可供转换的话题。

7. 相近概念法

日常用语里很多词所表达的概念没有明确的界限，常常带有一定的模糊性。利用这种模糊性，就可以把话题中某些概念转换为与它相近的另一个概念，岔开原来的话题。

8. 答非所问法

顾名思义，就是在交谈时故意不回答对方提出的问题，而是转移到谈别的无关的问题。

这是因为在交谈中，有些问题我们不便直接表态，想回避这类问题可又不想因为中断交谈而使对方尴尬。这时使用答非所问这个方法来转移话题就非常合适。

【社交口才全知道】

在交谈中，想改变自己的被动局面，切不可一味地纠缠在原话题上，而应根据原话题的某一点，转移到对自己有利的另一个话题上。

果断说"不"，把拒绝的话说动听

说话是一门语言的艺术。既然是艺术，就不能忽视细节问题。在职场上说话有很多讲究，诸如有些话不能明说，有些话不能直说，需要拒绝别人时，要采取巧妙的方式，同时还要学会倾听，话要说得委婉、含蓄等。这些都属于职场上说话的细节问题，只有细节问题处理好了，工作才能更加得心应手，否则就会弄得一团糟。正所谓"成也细节，败也细节"。

在人际交往中，我们总会遇到一些为难的事，有时别人有求于我们，可是我们又实在无能为力，这时就要拒绝对方，但拒绝也是要讲究技巧的。只有掌握了这些技巧，才会既不得罪人，又能让别人欣然接受。

1. 巧妙向别人说"不"

许多时候，人们在工作中要面对朋友、同事、客户与主管的许多要求。有些要求可以满足，但有些要求因碍于公司规定或其他原因必须拒绝。没有人喜欢被拒绝。因此，你在拒绝别人时先不要急切、直接地表达自己的立场。因为直接拒绝别人，轻则影响双方往后的合作与相处，重则让人觉得你不够大方。

为了最大化地降低拒绝所产生的负面效应，你需要掌握一些说话技巧，秉持理直气"和"的原则，既不伤害对方的自尊，又能婉转地拒绝对方的要求。

2. 面带和善地说"不"

很多人在遇到超出自己能力范围或不能完成的工作时，往往会粗鲁地说"不"。这是失败者的表现，这种态度不仅会疏远与对方的关系，而且还可能在双方之间形成一种敌视的状态。

毕达哥拉斯说："最短、最老的字——'好'或'不'——需要最慎重的考虑。"

能够带着和善的脸色说"不"，是一种困难的拒绝行为，因为小时候如果我们敢对父母说一个"不"字，必然会遭到责备或反对。于是在我们成长的过程中，"不"的意义变成长久的沉默、精神上的不悦或退缩，在这种状况的积压下，"不"就带着生气和毁灭性的效果了。

你应该学习带着和善的脸色说"不",用像说"好"时一样的轻松打消"不"所带来的生气和痛苦。

（1）练习温和且坚定地说"不"

不论你现在说"不"的语气或态度如何,你可以学习更有效率、更温暖的方式。也就是说,即使你在困扰之中,仍能坚定地说"不",绝不会失去友谊。

（2）证明自己不再是个小孩

如果你已经是有独立个性的成人,不再需要不断地接受父母的安抚,今天你说"不",反而会获得尊重。

（3）排除争议

面对即将发生或正在发生的冲突,用和善、简短而坚定的态度说"不",能收到意想不到的效果。和善地表现你的自信和坚定,也能使别人接受你所传达的信息。

（4）看着对方

当你说"不"时,你的肢体语言也很重要。你的态度可能是说出和你心中想的相反的意思。当你说话时,眼睛要看着对方,身体动作所表达出来的讯息和你说出来的一样重要。如果你的态度显得笨拙而没有信心,那又怎么能让别人相信你呢?

（5）不必解释

当你对所做决定提供理由时,一个冗长的解释会让人误认为虚伪，他们认为你是由于动机不良才会想说服别人来同意你的决定。你是值得敬重的，所以没有必要做任何解释，更没必要列出一长串的理由和依据。

假设你与一位能干的员工之间有了问题，他耽搁了一项计划使你很沮丧，你可以先说出欣赏他的话，再让他知道你的感觉，而仍能维持他的工作情绪与效率。

让他有所反应是很重要的，问题解决之后，你可以将主题转到一些令人快乐的事情上，这样彼此都能继续愉快相处。

这个方法也可以用在其他的相互关系上，但是你的批评与希望要简短，真诚肯定的次数要多些，这将使你在与别人交谈时，达到预期的效果。

【社交口才全知道】

准许自己多用点时间考虑问题。即使你是个绝佳的决策者，有时候你也会需要几天时间来决定重要的事。你可以用一种肯定的表达方式："我需要考虑一番，但很快就会给你答复。"

在你未准备妥当之前，不要立即拒绝或接受。

掌握说话主动权，有效控制场面

每个优秀的讲话者都明白在讲话中把握主动，有效控制现场的重要作用。在实际交往中，说话人虽然居于主导地位，但是客观反应如何，现场形势如何发展、变化，是任何人都不能完全把握的。

即使是事前有较充分准备的单向交流，在进行过程中也会出现一些自己无法预料的情况。这些情况会干扰、阻碍讲话活动的顺利进行。如果一个人不能实施有效的控制，所说的话就不能产生预期的效果。最常见的，是冷场情况的发生。这就要求具备有效控制冷场的能力和机敏的思维。一般来讲，冷场分为两种情况：一种是单向交流中，听的人毫无兴趣，注意力分散；另一种是双向交流中，听者毫无反应，或者仅以"嗯""噢"之类应付。

冷场的根本原因在于发言者的话没有吸引力。听者仅仅出于纪律的约束或处世的礼貌而扮演一个"接受"的角色。因此，冷场完全应由说话人负责。冷场的出现是发言者的失败，因为它不能达到彼此沟通交流的目的。发言者既要发言，必须实施控制，避免冷场的发生。

控制的办法如下：

1. 发言简短

单向交流中那种应景式讲话，越短越好。如华达商场举行开业仪式，邀请了市内各方面的人士参加。总经理只说了两句话："女士们，先生们！热忱欢迎各位光临！现在我宣布：华达商场正式开业！"

双向交流中，任何一方都不要滔滔不绝地包场，要有意识地给对方留下发言的时间和机会。自己一轮讲不完，应待对方有所反应后再讲，不要一轮就讲得很长。

2. 变换话题

当众讲话时遭遇冷场可通过暂时变换话题的办法吸引听众的注意力。目的达到后，仍要回到原有话题的轨道。比如，教师在讲课过程中发现学生精力分散，东张西望、打瞌睡、窃窃私语、在桌上乱画等，可以暂停讲授，穿插几句应景、时髦、诙谐的话；或者简短地讲个与教学多少相关的典故、趣闻，学生的精力便会一下集中起来。之后，再继续教学。

双向交流的话题变换是不定的，根据现场情况随时进行。比如，你与别人谈今日凌晨看的一场世界杯足球赛电视直播，可别人并不喜欢足球，也没有在半夜爬起来观看，对你所议显得毫无兴趣，从而出现冷场。这时，你就应及时转移话题。

3. 中止交谈

任何发言者都不愿碰到冷场。但若这种情况出现后，自己又采取了诸如简短发言、变换话题、加强语气等控制手段仍然不能扭转冷场的局面，那就应中止交谈。长时间的冷场对交流双方都是残忍且浪费时间的。比如，你同他谈足球他无兴趣后，变换话题他仍无兴趣，就不可再谈下去。这叫做"话不投机半句多"。

另外还有一种在说话时常出现的情况就是搅场，搅场就是恶意破坏现场秩序，使发言者不停被打断，甚至被迫终止。这种情况主要出现在单向交流中。如上课、作报告、大会发言、演讲等场合，听众开小会、串座位、随意进出、喧哗、嘲笑、喝倒彩、吹口哨、瞎鼓掌等都属于搅场。

搅场出现的原因有三种：一是听者本就对发言者有成见，是反对派。之所以来听，就是想来钻空子、找岔子，不管你怎么说，他都要搅。二是发言者思想、学术、业务等水平不高，听者觉得言之无物，听下去纯粹是浪费时间。三是讲话内容听者不感兴趣。

作为发言人，对搅场的出现只能自己去控制。那种依靠与听者有利害关系的他人出面干预、压制，或者自己愤而退场之举，都不是解决问题的最终办法。那样做，产生的负面效果可能会更差。因此，发言者必须正视搅场，主动实施控制。

控制搅场的办法要区分不同原因。

对第一种原因的搅场：坚定信心、置若罔闻。对第二种原因的搅场：谦虚谨慎，自剖自责。

1986年菲律宾大选，竞选者科·阿基诺夫人曾被人指责为啥也不懂的家庭主妇。她上台发表竞选演说，不少人以这种眼光看待她。反对派则公开叫嚷说她只配围着锅台转，要她回去烧饭菜。她一开口便说："我只是一个家庭主妇，对政治和经济都不甚了解，也没有经验。"这诚恳、真挚的大实话使听众一下静了下来。接着她又说："对于政治，我虽然外行，但作为围着锅台转的家庭主妇，我精通日常经济！"听众旋即爆发出热烈的欢呼。

【社交口才全知道】

善于交际的人是不会这么想的，他们认为与人方便，自己也方便，只有放下顾虑、慷慨解囊，才能赢得别人的感激与好感——这恰是一座沟通感情的桥梁。对于那些腼腆的人，交谈者应主动寻找话题，消除对方的紧张感。

巧妙批评，赢得他人由衷的敬意

在生活和工作中，无论是孩子、朋友、下属还是同事，他们总会做出一些错误的事情，这个时候我们免不了要批评或者规劝他们，但是如果批评的时候说的话不到位不但起不到教育和规劝的作用，反而会适得其反，增加他人的反感。因此，我们有必要了解和掌握其中的说话技巧。

1. 批评要点到为止

很多人都认为批评会伤害感情。实际上，当你觉得朋友做事不恰当的时候，对他批评，好朋友是不会见怪的。至少他知道你是善意的。当然，对于朋友的批评还是要掌握一些技巧，才能让人家愿意接受。这就要求我们在和朋友的相处中做一个善于批评的角色。

批评要与赞美相结合。适度的批评之后，对于其优点别忘了加上几句称赞的话，才不会损坏彼此的情谊。善于批评者还要争取让对方心服口服，这就需要一定的技巧了。有时批评者往往认为自己是好心，但如果话中带有了威胁，效果就难以达到，甚至会给双方关系造成不良影响。

善于批评者会让对方感到仿佛不是在批评自己，倒像自己劝说自己，就容易被对方接受。善于批评者语言中应避开"你应该""你必须"之类的词，多用讨论的口气，避免对方的反感，在任何"强攻"都难奏效时，还不如暂停。

每个人都喜欢听赞美的话，而且如果这种话是当众听到的，就会更加觉得有面子。反之，有关批评的话要私下说，这样除了能照顾到对方的面子外，对本身的形象也会产生好的影响。当众赞美，私下批评，这看起来有点像搞"两面三刀"，实际上并非如此，这样做和那种表面一套、背地一套的人，有本质上的不同。

2. 批评要真诚

与人共事，不可能那么一帆风顺，总会有别人出错时需要你提出批评和做出指示的时候。这时，你若批评、指正不当，不仅会达不到目的，弄不好还会产生负作用。

批评忌全盘否定。不同的人由于经历、文化程度、性格特征、年龄等的不同，接受批评的承受力和方式也有很大的区别，这就要求批评者根据不同批评对象的不同特点，采取不同的批评方式。同时，批评不可全盘否定，别人犯的什么错误就应对其错误加以批评，使其及时改正，不可一概而论。

3. 幽默式批评

幽默式批评就是在批评过程中，使用含有哲理的故事、双关语、形象的比喻等，缓解受批评者的紧张情绪，启发受批评者思考，增进相互间的感情交流，使批评能有一个轻松愉快的气氛。幽默式批评在于启发、调动被批评对象积极思考。它以幽默的方式点到批评对象的要害之处，含而不露，令人回味无穷。但是，使用幽默式批评不要牵强附会，生拉硬扯，否则将适得其反，给人一种画蛇添足之感。

这里举一个例子来说明何谓"幽默的批评"。课堂上很乱，有的学生在说笑，有的学生在睡觉，有的学生眼观窗外。上课的老师突然停下了讲课，语重心长地对大家说："如果坐在中间谈笑的那几个同学能像那位观看窗外景色的同学安静的话，也就会让前面睡觉的那两位女同学睡得更香甜了。"此言一出引起哄堂大笑，那几位被点到的同学的笑容里则带有羞愧之色。

幽默能使人感到亲切，使气氛变得轻松，即便是批评，也没有那么难以接受。幽默不是天生的，是可以培养的。再呆板的人，只要努力都可以逐渐变得幽默起来。美国前总统里根以前也不是幽默的人，在竞选总统时，别人给他提出了意见。于是他采用了最笨的办法使自己幽默起来——每天背诵一篇幽默故事。但是要注意，幽默的批评不是讽刺，讽刺别人会使人厌恶，甚至产生对抗心理。

4.批评要紧抓事实

一般说来，无论是批评还是被批评者，对批评都有一种戒备心理。"良药苦口利于病，忠言逆耳利于行。"古人把"忠言"与"苦药"等同，足见批评的话确实不中听，通常是"逆耳""伤耳""刺耳"。

批评者批评别人虽然是发自内心的，确实是出于"爱护、关心、保护"的目的，但因有时捕风捉影了，无事实根据，使被批评者产生抵触情绪，甚至反戈一击。因此，开展批评时，一定要讲究艺术，像药师把"良药"变成胶囊，外包糖衣，这样既易进口，又能利病一样。

批评是一个十分严肃的问题，一定要抓住对方错误的实质，有针对性地进行，不能主观臆断、想当然，更不能听信谗言，捕风捉影，道听途说，无中生有。不痛不痒的批评、点不到痛处的批评、含糊其词的批评、莫名其妙的批评，是不会令人心服口服的。

只有了解了事实，你才能清楚地判断是否有必要提出批评，提出忠告的角度怎么选择；批评以后会有怎样的效果。如果你是凭借听到的信息忠告别人，容易引起误解。这时补救的办法是与他沟通，听听他怎么说，等了解清楚事实之后再想办法消除误解。

【社交口才全知道】

说话要简洁明了。当你在与人交谈时，必须在极短的时间内说出对别人的要求，以及向对方说明如此做了以后，他们能够获得怎样的利益。你千万不要婆婆妈妈地为一些琐屑的细节所羁绊，只要简单地说出你的主张即可。

社交小贴士：怎样对付说话难缠的人

在现实的交际生活中，我们不可避免地会遇到一些实在不喜欢的人，或者一个让人很尴尬的话题，如何应对这种状况，与麻烦的对手打交道也需要一定的技巧。

化解尴尬处境最常用的办法是找借口开溜。相信很多人都尝试过这种办法，可问题在于如何让这个借口显得自然，而不会出现欲盖弥彰，使得状况变得更加尴尬了。这就需要具体问题具体分析，从当时的场合和可利用的一些资源随机应变，见机行事。

对于难缠而麻烦的对手，不妨采用下面这个办法：故意忘记他的姓名，暗示你对他的漠视。不同的称呼，表示了双方关系的密切程度，代表着对对方人格的尊重程度。如双方见过面，对方对自己的名字却根本没有印象，表明对方根本没有把自己放在眼里。

对于专门从事与人打交道工作的人，记住对方的名字并在下一次相见时叫出，是一种非常有用的武器，客人会因此产生一种莫明其妙的愉快感觉，感受到对方的重视。若是不想承认对方的能力和人格，或者不希望与对方打交道，就可以故意假装不知道对方的名字，暗示与之处在不平等的位置上，你占有优越的地位。这是一种实用的心理技巧，对于惹人厌烦或有意轻视、疏远的对象，就故意问："啊，我忘记了，你的名字叫什么？"这种问法，一定会给对方以相当大的打击，因为这样问就表示：你的存在对我毫无帮助，所以我根本没有记住你的名字。

这种不友好的问话一出口，对方就容易显得有些不自在，他们会认为，说这话的人很不礼貌或者很傲慢，也就往往会终止交谈。

第六章

说好赞美话，让别人以感激的心追随你

赠人以言，重于珠玉；伤人以言，重于剑戟。

——孙子

审时度势，把赞美的话说到点子上

赞扬，是最受欢迎的说话方式，能说会道是社会交往的"红娘"。有人在社会上广结广交，"四海之内皆兄弟"；也有人与他人一见面便"话不投机半句多"，不欢而散。会不会说话，关系到事业的成败。一个能说会道的人，能使难成之事心想事成，能在紧要关头化险为夷，能在两军阵前弭息干戈，能在人生之路上左右逢源。

当然，赞美别人时如果不能审时度势，不掌握一定的技巧，即使你是发自内心的真诚赞美，也可能会变好事为坏事。就像煲汤，如果火候掌握得不好，那么再好的原材料也不会煲出味道鲜美的汤。只有火候掌握得好，赞美才会散发出最浓郁的香味。

在赞美上级的时候，更需要掌握赞美的火候。我们赞美身边的普通人，即使话语不得体也没有太大的关系，别人也不会把你怎么样。但是当我们赞美上级的时候，如果火候拿捏得不好，那么后果可能就会很严重了，也许你一辈子都会郁郁不得志；如果赞美得恰如其分，说不定就会使你加官晋爵。

在镇压太平军的行营中，一次，曾国藩用完晚饭后与几位幕僚闲谈，评论当今英雄。他说："彭玉麟、李鸿章都是大才，为我所不及。我可自许者，只是生平不好谀耳。"一个幕僚说："各有所长。彭公威猛，人不敢欺；李公精敏，人不能欺。"说到这里，他说不下去了。

曾国藩问："你们以为怎么样？"

众人皆低首沉思，忽然走出一个管抄写的后生来，插话道："曾帅仁德，人不忍欺。"人人听了齐拍手。

曾国藩十分得意地说："不敢当，不敢当。"后生告退后，曾问："此是何人？"幕僚告诉他："此人是扬州人，入过学，秀才，家贫，为事还谨慎。"

曾国藩听后就说："此人有大才，不可埋没。"不久，曾国藩升任两江总督，就派这位后生去扬州任盐运使了。

赞美别人，掌握尺度是最关键的。在你开口赞美别人的时候，一定要遵循以下法则。

1.真心诚意地赞美

每个人都珍视真心诚意，它是人际交往中最重要的原则。英国专门研究社会关系的卡斯利博士曾说过："大多数人选择朋友都是以对方是否真诚而定的。"

2.讲究场合，合乎时宜

赞美的效果在于见机行事、适可而止。当别人计划做一件有意义的事时，开头的赞扬能激励他下决心做出成绩，中间的赞扬有益于对方再接再厉，结尾的赞扬则可以肯定成绩，指出进一步的努力方向，从而达到"赞扬一个，激励一批"的效果。

3.赞美的话不能千篇一律，要有特点

人的素质有高低之分，年龄有长幼之别，因人而异、突出个性、有特点的赞美比一般化的赞美能收到更好的效果。

4.赞美一个人的行为或贡献，比赞美他本人好

当你赞美一个人的行为或贡献时，你的赞许更显得真诚，而且，如果别人知道他的确值得被赞美，会获得最好的效果。赞美行为比赞美本人更可以避免功利主义或偏见。

5.赞美要翔实、具体

在日常生活中，人们有非常显著成绩的时候并不多见。因此，交往应从具体的事件入手，应当善于发现别人哪怕是最微小的长处，并不失时机地予以赞美。赞美用语越翔实、具体，说明你对对方越了解，对他的长处和成绩也就越看重。

【社交口才全知道】

要赞美别人不为人知的优点。就算再差的人，都有值得赞美

的优点。比如一个人或许没有什么优点，但玩台球的技术却很高明，或者酒量非常好，这些都可以加以利用。无论此人是否在意自己的这些小优点，别人赞美他，一样会使他感到高兴。

真诚讲话，美言不用刻意去修饰

一位年轻母亲曾讲过一个令人心痛的故事：她的孩子常常因做错事而受到她的责备。但是，有一天，孩子一点儿错事都没有做。到了晚上，她把孩子放在床上，盖好被子，只见孩子正把头埋在枕头上，在抽泣中问道："难道今天我没有做一个好孩子吗？"

"这一问就像电一样触动着我的全身，"年轻的母亲说，"当孩子做了错事时，我总要纠正她，但当她极力往好处做时我却没有注意到。我把她放在床上时，连一句表扬、鼓励的话都没有。"年轻的母亲懊悔不已，从那以后她开始学会赞美她的孩子。

请不要吝惜你的赞美，给予你爱的人毫无修饰的赞美，你会发现他们比从前更爱你。正所谓"送人玫瑰，手留余香"。

一个自知面貌平庸的少女坠入情网之后，如果她的情郎反复在她耳畔低语："你那深邃的眸子，散发出如梦如幻的光彩，真是迷人极了。"她一定会容光焕发，相信自己拥有一对足以倾倒众生的明眸，美丽也当然会眷顾于她。

赞美无须刻意修饰，只要源于生活，发自内心，真情流露，就会收到赞美之效。但要更好地发挥赞美的效果，也需要注意以下几点：

1. 实事求是，措辞恰当

当你准备赞美时，首先要掂量一下，这种赞美，对方听了是否会相信，第三者听了是否会不以为然，一旦出现异议，你有没有足够的理由证明自己的赞美是有根据的。

一位老师赞美学生们："你们都是好孩子，活泼、可爱、学习认真，做你们的老师，我很高兴。"这话很有分寸，使学生们既努力学习，又不会骄傲。但如果这位老师说："你们都很聪明，将来会大有出息，比其他班的同学强多了。"效果就大不一样了。

2. 赞美要深入、具体

抽象的东西往往不具体，难以给人留下深刻印象。如果称赞一个初次见面的人"你给我们的感觉真好"，那么这句话一点作用都没有，说完便过去了，不能给人留下任何印象。但是，倘若你称赞一个好推销员："小王这个人办事的原则和态度非常难得，无论给他多少货，只要他肯接，就绝对不用你费心。"那么，由于你挖掘了对方不太明显的优点，并给予了赞扬，增加了对方的价值感，因此赞美起的作用会很大。

3. 赞美要热情洋溢

漫不经心地对对方说上一千句赞扬的话，等于白说。缺乏热情的、空洞的称赞，不能使对方高兴，有时还可能由于你的敷衍而引起对方的反感和不满。

4. 赞美多用于鼓励

鼓励能让人树立起自信心。自信是成功的一半，用赞美来鼓励对方，能达到事半功倍的效果，尤其是在"第一次"。无论任何人干任何事情，都有第一次的时候，如果对方第一次干得不好，你应该真诚地赞美一番："第一次有这样的表现已经很不容易了！"别人会因为你的赞美而树立信心，下次自然会做得更好。

5. 借用第三者的口吻赞美他人

赞美随时随地都能听见，面对面或直接地赞美对方，总有点恭维、奉承之嫌。若换个角度、换种说法，也许就好多了。以"第三者"的口吻来赞美对方，说："难怪某某一直说你很不错，今日一见……"可想而知，对方一定很高兴。因此，当面赞扬一个人，有时会令人感到虚假，怀疑你是否出于真心，而间接地在背后赞美对方，会使对方感到你对他的赞扬是真诚的。

6.赞美要适可而止

过度的赞美或空洞的奉承，都会令对方感到难以接受，甚至感到肉麻、讨厌，结果适得其反，只有适度的赞美才会令对方感到欣慰。适度因人、因时、因事、因地而异，需要不断摸索积累，逐步掌握。

【社交口才全知道】

有时，当我们遇到别人比自己强的情形时，赞美之词却说不出口，要么缺乏自信心，觉得己不如人、人微言轻，没有勇气为对方喝彩，要么觉得"不好意思"或担心被人误为溜须拍马。结果，不仅失去了一次坦然欣赏别人的机会，也失掉了一次难得的社交机会。

因此，赞美的话要大胆说出来。没有人会反感别人对自己的赞誉。

因人而异，不要给你的好话打折扣

即使是因为相同的事由，我们也不应该用同样的方式来称赞所有的人。不要去找任何时间、任何场合下对任何人都适用的"赞美万金油"，它不存在。避免给对方留下"这个人对谁都讲那么一套"的坏印象。

在聚会中，你千万不要搬出不久前刚称赞过其中某一位的话，再次恭维其他人。还是仔细想一想，每位同伴与其他人相比，到底有什么突出之处，这样就能因人制宜，恰到好处地赞美别人。

另外还要注意的是，不要突然大肆赞美。你对别人的赞美应该是和你们眼下谈的话题有所联系的，请留意你在何时用什么事当作引子开始称赞对方。对方提及的一个话题、他讲述的一个经历，或是他所列举的某个数字，或是他向你解释的某种原因，都可以用来当作引子。

要是他没有给你这样的机会，你就自己"谱"一段适合的"赞赏前奏"，不致使对方感觉这赞扬来得太突然就行了。不妨用一句谦恭有礼的话来开头：

"恕我冒昧，我想告诉您……"

"我常常在想，我是不是可以说说我对您的一些看法……"

这种"前奏"还有两个功用：一是唤起听话者的注意力，二是使你的称赞显得更加诚恳、亲切。

许多人在称赞他人的时候都很容易犯一个严重的错误：把赞赏打了折扣再送出。不是给予百分之百地赞赏，而是画蛇添足地加上几句令人沮丧的评论或是一些能削弱赞赏的话语。

尤其那些对杰出成绩的赞赏，总是和批评一起"搭卖"。成绩越是突出，人们就越觉得自己有责任去"评论"而不仅是称赞这一成绩。他们无法忍受只唱赞歌，一定要多少挑出点缺憾才罢休。

还有人错误地把赞赏他人当成了自我表现的机会。他们以为能够通过打了折扣的赞赏来证明自己的"批判性思维能力"，从而也出出风头，显出他们的理性和水平。比如，他们会说："您这一生中不断获得成功。不过有一回，那次金融风暴时您的公司日子也不好过，可话又说回来，谁都不会十全十美嘛……"

任何赞赏打了折扣，也就有了瑕疵，从而产生不必要的负面影响。它就像雪白的桌布沾上一块黑色的污迹，使人们偏离正题，求全责备。它破坏了赞赏的作用，使受赞赏的一方原有的喜欢之情一扫而空，反而是那么几句"额外搭配"的非议让人难以忘怀。

称赞他人的时候，请不要提及会让赞赏打折扣的旁枝末节。请紧紧围绕赞赏这一主旨，主要谈论对方的成绩。

不要多此一举地指出，可能是某些外界因素让这一成功轻而易举。比如："这的确是令人可喜可贺的成绩，不过各方面的条件都这么有利，怎么也能取得好成绩……"

还要小心另外一种错误的观念，即以为打了折扣的赞赏会更真实可信、更有分量。

不要自作聪明地指点同伴，怎样做会更好，哪怕是生活小事。比如："您做的菜味道真好，哪一样都不错，就是汤里的盐多了一点……"这种折扣不仅破坏了赞扬的效果，还有可能成为引起激烈争论的导火索。

有时你必须对某项工作做一次全面的总结和评论，这样一来，赞赏和批评就不可避免地联系在一起。

在这种情况下，你也没有必要把优秀成绩打折，请把总结中的批评当作与赞赏相对立的独立部分。

别让对方的谦虚削弱了赞赏的作用。有些人很少受到表扬，所以听到别人称赞他时会不知所措；还有些人在收到称赞的时候想要表明，取得优秀的成绩对他来说是家常便饭。这两种人面对赞赏的反应几乎一模一样："这不算什么特别的事，这是应该的，是我的分内事。"

听到对方这种回答的时候，你不要一声不响，此时的沉默表示你同意他的话，就好像对他说："是啊，你说得对，我为什么要表扬你呢，我收回刚才的话。"

你应该再次称赞他，强调你认为这是值得赞赏的事，请你重复一次对他哪些方面的成绩特别看重，以及你为什么认为他表现出众。

【社交口才全知道】

话说三遍淡如水。要想对一个已知的过错引起注意，一次提醒就足够了，批评两次完全没有必要，而三次就成了纠缠。如果你被引发提起过去不愉快的事，或改头换面地重谈过去已犯的错误——揭人疮疤，会令人不舒服。

坦率直言，用间接的称赞激励他人

没有人不喜欢接受赞美，但你的赞美一定要心怀坦诚，不要让人误以为你是在奉承。通常来讲，比较有效果的赞美方式之一是间接赞美，因为直接的赞美听起来好像是"奉承"，而间接的称赞会令人觉得比较实在。

所谓间接赞美，就是借第三者的话来赞美对方，这样比直接赞美的效果往往要好得多。比如你见到某人，对他说："前两天我和某人谈起你，他对你推崇极了。"无论事实是否真的如此，但他对你的感激肯定会超乎你的想象，如果碰巧该人又是他平素很敬重的人，他对你的感激就会更深。

间接赞美的另一种方式就是当事人不在场时对其赞美，这种方式有时比当面赞美所起的作用更大。如果背后的赞美传达到本人那里，除了能起到激励作用外，更能让被赞美者感到你对他的赞美是诚挚的，更能增强赞美的效果。

恰当地赞美别人，会给人以舒适感，也会改善我们的人际关系。在沟通中，必须掌握赞美他人的技巧，才能达到沟通的目的，才会让他人喜欢你。

把奉承话说好，也是受人欢迎的。人总是喜欢别人奉承的。有时，即使明知对方讲的是奉承话，心中还是免不了会沾沾自喜，这是人性的弱点。一个人受到别人夸赞，绝不会觉得厌恶，除非对方说得太离谱了。

在这个社会上，会说奉承话的人，似乎比较吃香。当一个人听到别人的奉承话时，心中总是非常高兴，脸上堆满笑容，口里连说："哪里，我没那么好。""你真是很会讲话！"即使事后冷静地回想，明知对方所讲的是奉承话，却还是抹不去心中的那份喜悦。因此，说奉承话是与人交际所必备的技巧，奉承话说得得体，会使你更讨人喜欢。奉承别人首要的条件，是要有一份诚挚、认真的态度。言词会反映一个人的心理，因而有口无心，或是轻率的说话态度，很容易被对方识破，继而产生不快的感觉。奉承别人时也不可讲出与事实相差十万八千里的话。例如，你看到一个表情呆滞的孩子，却对他的母亲说："你的小孩看起来很聪明！"对方的感受会如何呢？本来是奉承话，却变成很大的讽刺，收到了相反的效果。若你说："哦！你的小孩子好像很健康。"效果就会好些。

所以，奉承别人要坦诚，这样你所说的奉承话，会成为真正夸赞别人的话，对方听在耳中，感受自然和听一般奉承话不同。

生活中，赞美不仅能改善人际关系，而且能改变一个人的精神面貌和情感世界。赞美的过程，是一个沟通的过程。通过赞美，得到了对方的欣赏和尊重，自己享受了自尊、成功和愉快，精神面貌犹如芝麻开花，充满着盎然的生机。

另外，人非圣贤，孰能无过？但这个"过"怎样指出来，也是一门艺术。批评他人时，一定要讲究策略。一时冲动就口无遮拦，是十分愚蠢的做法。我们需要真诚的赞美，也需要善意的批评。

曾有一种说法一度颇为流行，那就是"赞扬能使羸弱的躯体变得强壮，能给恐惧的内心以平静和信赖，能让受伤的神经得到休息和力量，能给身处逆境的人以务求成功的决心"。实验心理学对酬谢和惩罚所做的研究也表明，受到赞扬后的行为，要比挨了训斥后的行为更为合理、更为有效。关于赞扬为何能促使动物和人类获得提高，这在科学上尚未完全搞清楚。不过，赞扬确实能释放出动物和人类的某种能量来。

你如果通过真诚的赞扬来激励对方，来给对方打气的话，那么对方——无论是孩子、妻子、丈夫，还是下属、上司、职工等都会自然地显示出友好和合作的态度来。赞扬之于人心，如阳光之于万物。在我们的生活中，人人需要赞扬。这是出于人的自尊需要。经常听到真诚的赞美，感到自身的价值获得了社会的肯定，有助于增强自尊心、自信心。

最有效的赞扬不是"锦上添花"，而是"雪中送炭"。最需要赞扬的不是早已美名天下扬的人，而是那些自卑感很强、被错当成"丑小鸭"的"白天鹅"。他们平时很难听到一声赞扬，一旦被人当众真诚地赞美，就有可能尊严复苏，自尊心、自信心倍增，精神面貌焕然一新。对于任何一个最值得赞扬的，不应是他身上早已众所周知的明显长处，而应是那些蕴藏在他身上，尚未引起重视的优美。这种赞扬，为进一步开发他潜在的智慧与力量开辟了一个新领域，有助于他在攀登事业高峰的征途上更上一层楼。

【社交口才全知道】

　　与赞美相对的是批评。批评是针对对方的错误而言，错误的改正还是"内因"起决定作用，而批评者的"外因"只有一定的辅助作用，对方从根本上改正错误还要靠自己的"良知"。所以，高明的批评者，总是逐渐地"敲醒"对方，启发其进行自我批评。

杜绝浮夸，才能"赞"高一筹

　　夸奖赞扬要适度、如实，不可浮夸。尤其在团队当中，管理者表扬下属要恰如其分，要掌握表扬用语的分寸，不能任意夸大情节，评价失实，随意拔高。

　　表扬不是搞文艺创作，不能像文艺作品那样虚构、夸张，必须有一说一、有二说二。对那些确实值得夸奖的人和事做到恰如其分地表扬能起到鼓励他人的作用。相反，如果你夸奖时随意把事实夸大，把人家的七分成绩说成十分，把人家本来很朴素的想法拔高到理想化的境界，评价失实，只能产生消极作用。

比如，采矿工人在大年夜坚守岗位，仅一个大夜班就采了260吨矿石，虽与平常非节日的大夜班车数相比不差上下，但在大年夜能采出那么多的矿石，说明职工们工作热情高涨，放弃了与家人团圆的大好日子而辛勤工作，也确实是件了不起的事情，是值得领导表扬的。

可有个矿业公司经理为表彰工人们的成绩，提高其他岗位工人的积极性，便张贴了一张《喜报》，上面说道："昨晚，采矿工人以矿为家，发扬了无私奉献的精神，大夜班出矿320吨，创我公司大夜班出矿历史最高纪录。"

像这样的浮夸，只会造成被表扬者产生盲目自满情绪，误以为自己真有夸大的那么好，也会造成其他人的逆反心理。因为人们崇敬的是真楷模，而不是人为拔高了的典型。对于名不副实的样板，人们会由不服气到反感而生厌。另外，此种浮夸还容易助长人们不务实、图虚名的不良风气。

由此看来，夸奖赞扬别人要实事求是。在职场中，领导对下属的夸奖是对其工作的肯定和认可，对于激励下属、树立领导威信具有不可替代的重要意义，是调节上下级关系的"润滑剂"，但要收其灵验之效，领导者首先要明辨是非，善别良莠，将自己的夸奖建立在事实根据的基础上。这样，"铁证"如山，大家才能心服口服，自觉效仿，上下级之间、同级之间也会保持和谐和团结。对于领导者来说，要做到实事求是、以功行赏，首先必须掌握公正这一原则。不管是谁，只要他出色地完成了一项工作，甚至仅仅提供了一条有创意的思路，都应该受到表扬。相反，即使是"皇亲国戚，无功也不行赏"。也就是说，夸奖一定要坚持表扬的无私性、真实性，只有这样才能发挥赞扬的效力。恰到好处的赞美其中奥妙无穷，"懂行"是一个重要法则。"懂行"的实质是抓住赞美的事和物的实质，不说外行话，让别人听起来在行、老练。许多人常犯外行的错误，见了什么都说好，见了谁都说高，有的是不懂装懂，有的是只知其一、不知其二，语言不到位，说不到点子上，切不中要害，缺乏力度。

做一个内行的赞美者，要懂专业知识。常言道："隔行如隔山。"现代社会中，专业分工很细，各专业相对独立，自成相对封闭的系统。如果知识面狭窄，无疑就成了"门外汉"，找不到赞美的话题。如何令自己像个内行人呢？

首先，对某一行要有一定造诣，你的赞美才能令内行的人接受，并视你为知己。运用专业术语是一种技巧。俗语说，各行都有各行的行话。曲艺中有吹、拉、弹、唱，其中又有丰富的内涵；相声中有说、学、逗、唱；围棋中有边、角、星、目等；书法中有筋、骨、神、锋等，这些都是某一领域中的"行话"。在一定的场合，你用专业术语予人以赞美，让人觉得你是"圈内人"，你的赞美才会让人觉得可信。

其次，内行的赞美还表现为独具慧眼。独具慧眼的赞美者善于发现别人发现不到的优点、长处。比如，面对一幅油画作品，几乎所有的人都异口同声地叹道："真是太绝了！""我再练十年恐怕也赶不上！"油画家对这样的恭维早就习以为常了。独有一位幽默地说道："常言说，画如其人。您的画运笔沉稳，是和您刚正不阿的秉性、对人生与社会的深刻思考分不开的。"谈画论人，在行在理，独辟蹊径，巧妙换了个新角度，令人耳目一新。他的赞美与众不同，技高一筹。

肤浅的赞美让人感到乏味与空洞，受到你赞美的人也丝毫引不起一种荣耀，并会在你的言语中产生一种不安与困惑；而见解深刻的赞美让人觉得你看到了问题的实质，你确确实实对被赞美者产生了认同感，而被赞美者也对你的一双慧眼抱以信赖，产生了与你积极沟通的愿望。

【社交口才全知道】

当你对做父母的人称赞他们的孩子，甚至表示你对那孩子

感兴趣时，那么孩子的父母很快便会成为你的朋友了。给他们一
个谈论其孩子的机会，他们就会很自然而又无所顾忌地滔滔不
绝了。

心怀诚意，说好你的"恭维"话

　　恭维是一种重要的交际手段，它能在瞬间沟通人与人之间的
感情。任何人都希望能被人恭维或赞美，威廉·詹姆斯就说过：
"人性深处最大的欲望，莫过于受到别人的认可与赞美。"

　　恭维应恰到好处，才能使双方的感情和友谊在不知不觉中得
到增进，还会调动其交往合作的积极性。那么，我们如何恰到好
处地恭维他人呢？

　　罗斯福的一个副官，名叫布德，他对颂扬和恭维，曾有过出
色而有益的见解：背后颂扬别人的优点，比当面恭维更为有效。

　　这种驭人术，是一种至高的技巧。在人背后赞扬人，这个方
法，在各种恭维的方法中，要算是最使人高兴也最有效果的了。
布德本人正是通过这种技巧来取得信任的。

有一群和罗斯福交往的人，觉得罗斯福好像从来不会犯错，布德称他们为"疯狂的摇尾者"。那种人嘴里永远不断地说着："真令人敬佩""这还不值得惊讶吗""多超凡出众呀"这一类的话。

布德十分钦佩罗斯福，但是他绝不做这样的"疯狂的摇尾者"。然而却没有几个人能比他更获得罗斯福的信任。

对于不了解的人，最好先不要深谈。要等到你找出他所喜欢的是哪一种赞美，才可进一步交谈。

最主要的是，不要随便恭维别人，因为有的不吃这一套。

如果有人告诉我们：某某人在我们背后说了关于我们的好话，我们会不高兴吗？这种赞语，如果当着我们的面说给我们听，或许会使我们感到虚假，或者疑心他不是诚心的。为什么间接听来的，便觉得非常悦耳呢？因为那是真诚的赞语。

德国的铁血宰相俾斯麦，为了拉拢一个敌视他的雇员，他便有计划地对别人赞扬这个部下，他知道那些人听了以后，一定会把他所说的话传给那个部下。

此外，我们要认清一点：赞美别人绝不是贬低自己。

我们每一个人都希望自己在各个方面都能胜人一筹，事实上这永远只能是一个梦想。一些心理素质不好的人，面对别人的优点与成绩时，往往禁不住妒火中烧，很难坦然地面对与欣赏。在这些人眼里，办事能力强变成了爱出风头，你好心好意去帮他，他私下里还担心你无事献殷勤——非奸即盗。于是，这些人对待他人优点与成绩的态度也只能是要么不屑一顾，要么再恶劣点儿，实行打击、报复。而别人往往也不是省油的灯，这就造成了人际关系的恶性循环，自己的事业也会因此严重受挫。

每个人都有自己的优点和成绩，都希望获得别人的肯定与赞美。有些优点和长处往往是与生俱来的，比如某人长得漂亮，智商很高，等等。因此，对于别人优点与长处的肯定不仅不会贬低自己的位置，而且可以使旁人从中认识到你所具备的优良素质，从而获得他人的称赞。

【社交口才全知道】

日本人将"赞美"这种武器广泛地运用在经济领域，如推销大师原一平，他在阐述自己的推销秘诀时说："推销的秘诀在于研究人性，研究人性的关键在于了解人的需要，我发现对赞美的渴望是每个人最持久、最深层的需要。"而要慷慨地赞美别人的优点和成绩，就必须坦然接受别人的优点和长处。

社交小贴士：怎样迅速达到讲话的目的

关于如何说话才能迅速达到目的，我们主张"对事不对人"。评价或批评，只能针对一个人的行为、行动和表现，而不能针对这个人，也就是平常所说的"对事不对人"。

大多数情况下，沟通的目的是为了达成一定的目标，譬如澄清一个误会、陈述一个事实、发布一个指令等，而不应掺杂个人的情感因素或其他无关因素。

任何人都有获得别人尊重的需要，批评、责怪一个人本身与批评、责怪一个人做出的行为与事件，有很大的区别，给人留下的印象也极不同。

例如，一个学生解一道化学方面的题目，由于不小心，将分子式写错了，如果老师批评他："你怎么这样笨，这么小的问题也会出错！"被批评者心里肯定极不舒服。如果老师只针对他写错了分子式这一行为来批评，末了提醒他以后多加小心，被批评者一般会心服口服。联想集团杨元庆就是"对事不对人"，他批评最多、最狠的人都是公司中进步最快的人。他最生气的是应该想到实际上没想到，痛恨以工作之便捞取好处。但是工作尽心尽力了，仍没有做好，他却会原谅此人。

第七章

给语言化化妆，谁都愿意和你交朋友

不以奉承讨好人，不讲大话取笑人，不开玩笑激怒人。

——普京

审视自身，给你的说话习惯排排毒

人无完人，每个人都各有优缺点，在语言表达上也都有各自的习惯。要想练就出色的口才，就必须下定决心改掉不良的说话习惯。

如果一个人的脸上长有疤痕，可以从镜中窥见，可以使用化妆品或药品加以治疗弥补。同样，谈吐方面的缺陷也可以改变，只要治疗之前，能够清醒地认识到自己的这些缺陷。如果不清楚自己说话的缺陷，也可以试着拿一面镜子对照自己说话的姿态：是否手势过多，是否翘起嘴角，是否表情难看，是否过于冷漠、紧张、僵硬，是否强抑声调……

以下几点是我们说话中常有的缺陷，我们可以对照检查，并加以改正。

1. 说话用鼻音

用鼻音说话是一种常见且影响极坏的缺点，当你使用鼻腔说话时，就会发出鼻音。如果你用大拇指和食指捏住鼻子，你所发出的声音就是一种鼻音。如果你说话时嘴巴张得不够，声音也会从鼻腔而出。在电影里，鼻音是一种表演技巧，如果演员扮演的是一种喜欢抱怨、脾气不好的角色，他们往往爱用鼻音说话。如果你使用鼻音说话，鼻音对于女人的伤害比对男人更大。因此，在说话时最好不要使用鼻音，而应使用胸腔发音。正确的方法是，平时说话时，上下齿之间最好保持半寸的距离。

2. 说话声音过尖

一般女性犯此错误居多，要多加注意。因为尖锐的声音比沉重的鼻音更加难听。因此，在说话时要尽快让自己松弛下来，同时压低自己的嗓门。

3. 说话忽快忽慢

一般来讲，说话的速度很难掌握，即使是一些职业演说家或政治家，有时也不容易把握好自己说话的速度。说话太快，别人就听不懂你在说些什么，而且听得喘不过气来。说话太慢，人们就会根本不听你说，因为他们缺乏一种耐心。据专家研究，适当的说话速度为每分钟120～160个字，当我们朗读时，其速度要比说话快。说话中把握适度的停顿和速度变化，会给你的讲话增添丰富的效果，但不能忽快忽慢，除非有特殊表达的需要。

4. 口头禅过多

日常生活中，人们听到这样的口头禅，如"那个""你知道不""是不是""对不对""嗯"等。如果一个人在说话中反复不断地使用这些词语，一定会损失自己说话的形象。口头禅的种类繁多，即使是一些伟大的政治家在电视访谈中也会出现这种毛病。如果你有录音机，不妨将自己打电话时的声音录下来，听听自己是否有这一毛病。若有，就时时提醒自己注意。

5. 讲粗话

讲粗话是说话的恶习，是极不文明的表现，但要克服这种习惯也并不是一件易事。比较有效的办法是，找出自己出现频率最高的粗话，集中力量改掉它。首先是改变讲话频率，每句话末停顿一下；其次讲话前提醒自己，改变原有的条件反射。出现频率最高的粗话改掉了，其他粗话的克服也就不难了。

6. 结巴

结巴是口吃的通称。结巴对于极个别的人来说是一种习惯性的语言缺陷，是一种病态反应，他们也被称为口吃患者。口吃就是说话时字音重复或词句中断的现象，要想治愈说话结巴的毛病，除药物治疗外，更重要的是去除心理障碍。日本前首相田中角荣少年时代就是口吃患者，为了克服这个缺陷，他常常朗诵课文，为了发音准确，就对着镜子纠正嘴形，后来他成了一个著名的政治家、演说家。有口吃的人不妨试一试这个方法，坚持朗读文章，只要坚持不懈并保持良好的心态，相信一定会产生好的效果。

7.毛手毛脚

毛手毛脚，意即说话时动作过于频繁。可以检查一下自己，是否在说话时不断出现以下动作：坐立不安、蹙眉、扬眉、歪嘴、拉耳朵、摸下巴、搔头皮、转动铅笔、拉领带、弄指头、摇腿等。这都是一些影响你说话效果的不良因素。当你说话时，动作过于频繁，听者就会被你的这些动作所吸引，根本不可能认真听你讲话。

【社交口才全知道】

俗话说，"伴君如伴虎"，和上司说话要格外注意。上司毕竟不像一般同事。何况一般同事之间也应该注意分寸，不能太无所顾忌。所以，与领导相处，平时说话交谈、汇报情况时，都要多加小心。特别是一些让领导不快的话，就更要注意。

温文尔雅，让对方"看"到你说的话

一个有修养的人，总能在言谈举止间体现出来。我们生活的国家是著名的礼仪之邦，讲究礼数向来是中国人引以为傲的传统美德。而这种对礼仪的崇尚在与人谈话中也有体现。

　　参加别人的谈话要先打招呼，别人在个别谈话时，不要凑前旁听；有事需与某人谈话，可待别人谈完；有人主动与自己说话，应乐于交谈；发现有人欲与自己谈话，可主动询问；第三者参与谈话，应以握手、点头或微笑表示欢迎；若谈话中有急事需离开，应向对方打招呼，表示歉意。

　　谈话时若超过三人，应不时与在场所有人攀谈几句，不要同个别人只谈双方知道的事情，而冷落其他人。如果所谈的问题不便让其他人知道，可另约时间。

　　在交际场合，要给别人发表意见的机会，另一方面在别人讲话时，也应适时发表个人的看法。对于对方谈到的不便谈论的问题，不应轻易表态，可转移话题。要善于聆听对方的讲话，不要轻易打断，不提与谈话内容无关的问题。在相互交谈时，应目光注视对方，以示专心。别人讲话不要左顾右盼、心不在焉，或注视别处、老看手表等做出不耐烦的样子，或做伸懒腰、玩东西等漫不经心的动作。

　　谈话中要使用礼貌语言，如"你好""请""对不起""打扰了""再见"等。见面一般先问好，如"身体好吗？""最近如何？""一切顺利吗？"等。分别时讲"很高兴与你结识，希望今后再见面""晚安，请代向朋友致意""请代问全家好"等。

我们都有这样的经验：年龄小的时候，总有父母、师长对我们的教导，长大一些又有朋友之间的交流，这都是谈心。谈心就是打开双方的心房，通过良好的沟通促进彼此的理解，让事情朝好的方向发展。那么是不是所有的人都会谈心呢？不见得。你也许可以高谈阔论两三个小时而面不改色，却不一定会轻声细语地谈心，而这种方法有时候更适合解决问题。

下面我们就讨论一些谈心的原则。首先，融洽关系，制造谈话的气氛。制造一种和谐的气氛，说句笑话，讲点让人高兴的事情，拉近了感情距离，效果就会好得多，哪怕煽情些也不伤大雅。其次，要注意谈话的态度，要亲切自然，消除对方谈话的戒心。如果对立情绪较大，可采取"冷处理"的方法，暂时延缓谈话，或者"曲线交谈"，从另外的事入手。在亲切之余，要注意诚恳。再次，谈话要有的放矢，目标明确，不能让对方感到无所适从。最后，要注意选择方法，增强谈话的效果。一位哲学家说："世界上没有完全相同的两片树叶。"根据谈话对象的不同采取不同的方法，可以直接奔向主题，也可以迂回进行。

这些原则和方法的核心在于清楚地认识谈话对象，从谈话对象的角度去决定沟通的方式和内容，所谓"谈心要抓心"。

此外，说话还要动听入耳。因为，交流总是双向的，不论是在公共场合发表演讲，还是和别人随意交谈，除了说话的自己（说话人）以外，还有说话的对象（听话人）。为此，说话人不能想说什么就说什么，而要看对象，从对象的不同特点出发，说不同的话，从而创造一种和谐、融洽的气氛，达到说话的目的。

朱元璋做了皇帝之后，他从前的一位苦朋友从乡下赶来找他："我主万岁！当年微臣随驾扫荡庐州府，打破罐州城，汤元帅在逃，拿住豆将军，红孩儿当关，多亏菜将军。"朱元璋听他说得好听，心里很高兴。回想起来，也隐约记得他的话里像是包含了一些从前的事情，所以就立刻封他做了大官。这个消息让另外一个苦朋友听见了，就也去了。和朱元璋一见面，他就直通通地说："我主万岁！还记得吗？从前，你我都替人家看牛。有一天，我们在芦花荡里，把偷来的豆子放在瓦罐里煮着。还没等煮熟，大家就抢着吃，把罐子都打破了，撒下一地的豆子，汤都泼在泥地里。你只顾从地下满把地抓豆子吃，却不小心连红草叶子也送进嘴里。叶子梗在喉咙口，苦得你哭笑不得。还是我出的主意，叫你把青菜叶子放在嘴里一口吞下去，才把红草叶子带下肚子里去了……"朱元璋嫌他太不会顾全体面，等不得听完就连声大叫："推出去斩了！推出去斩了！"

两个人说的是同一件事，可是因为说话的方式不同，就得到了截然不同的待遇。人们在社交生活的实践中，道理也是相同

的。如何取悦你的谈话对象是很重要的原则，取悦你的谈话对象
并不意味着一味趋附对方，而只是希望能够更好地达到交流的
目的。

【社交口才全知道】

当你准备开始一个新的话题前，不妨从与对方的共鸣说起。
共同的经历或遭遇、共同的研究专业和方向、共同的希望和展望
等，都是能够引起对方共鸣的话题，以此种方式开场，常常更易
于使自己被对方"认同"。

拿捏尺度，激活话语的分量因子

说话要有尺度，尺度拿捏得好，很普通的一句话，也会平添
几许分量，话少又精到，给人感觉深思熟虑。总而言之，要言之
有度。

中国是个讲究中庸的国家，一切都力求做到恰到好处，过与
不及都不值得提倡。现实生活中，与他人交往，恰到好处的原则

也很重要，下面我们就从几个方面来简要谈一下：

1. 对话是交际的基础，有对话才有交流，有交流才能产生情感。一次成功的交谈应像一场接力赛，每个人都是集体接力的一员，既要接好棒，也要交好棒，棒在自己手上时，要尽心尽力跑好，棒在他人手上时，不妨为之加油、为之喝彩。如果把交谈变成一个人的独白，尽管你讲得眉飞色舞、口干舌燥，也没有人为你鼓掌喝彩，所以能说善侃者切忌扮演"一言堂主"的角色。

2. 交谈中，由于各人的阅历不同，对事物的认识也不尽一致，观点的分歧、碰撞、交锋不可避免。这本是很正常的现象，如果一听到对方提出不同的意见，就急迫地插话或打断他人的话，欲把自己的观点强加于人，这样必然给人留下狭隘、偏激的印象。明智的做法应该是大度宽容，不要盲目排斥，人家观点与你不一致，你可以说服或被说服，可以妥协，也可以求同存异。智者千虑，必有一失；愚者千虑，必有一得。集思广益，取长补短，才能使我们既长智慧，又得人心。

3. 在交谈过程中，每个人都有表现欲，同时也有被发现、被承认、被赞赏的内在心理需求。如果只热衷于表现自己，而轻视他人的表现，对自己的一切津津乐道，而对他人的一切不屑一顾，就势必造成自吹自擂、自我陶醉的不良印象。

从以上三个方面的叙述，我们可以看到恰到好处对说话有很大的影响。如果是"一言堂",就会被人称为"话篓子",甚至会妨碍与他人的继续交往。

此外,古人讲:"山不在高,有仙则名;水不在深,有龙则灵。"说话也是如此,话不在多,点到就行。在生活节奏紧张快速的现代社会中,没有人愿意花费大量的时间去听你的长篇大论。这就要求你在谈话时要做到言简意赅,一针见血。

乔治是美国加利福尼亚州的大亨,资产逾10亿美元。某年他与商业伙伴戴维从加州飞往我国某大城市,准备投资建厂,寻找合作伙伴。三天后,乔治坐到了谈判桌前,谈判对象是我国某一大型企业的领导。这位领导精明能干,通晓市场行情,令乔治颇为欣赏。听了这位领导对合资企业的宏伟设想后,乔治感到似乎已看到了合资企业的光辉前景。正准备签约时,忽听这位领导又颇为自豪地侃侃而谈道:"我们企业拥有2000多名职工,去年共创利税700多万元,实力绝对雄厚……"

听到这儿,乔治暗暗地掐指一算:700万元人民币折成美元是90余万,2000多人一年才赚这么点儿钱?而且,这位领导居然还十分自豪和满意。这令乔治非常失望,离自己预定的利润目标差距太大了,如果让这位领导经营的话,很难有较高的经济效益,于是立即决定终止合作谈判。

试想一下,假若那位领导不说最后那句沾沾自喜的话,谈判也许会以另一种结局而告终。那位领导最后那些不着边际更是画蛇添足的话，不仅暴露出他自身的弱点，而且令外商失去了合作的信心，最终撤回投资意向，的确是多余之至，应该引以为戒。

在生活中我们经常看到，有的人习惯于喋喋不休、滔滔不绝地高谈阔论，而又词不达意、语无伦次，让人听而生厌；还有的人喜欢夸大其词、侃侃而谈，说话不留余地，没有分寸。这样都容易造成画蛇添足的恶果。因此，我们"在开口之前，应先让舌头在嘴里转十个圈"。把多余的废话"转掉"，准备一些简单明了的话，一开口就往点子上说，千万不要东拉西扯、不知所云。

要爽快地接受别人的意见，的确是一件很不容易的事。但是，如果是你的意见比较正确，而他人想要逃避责任的话，这又该如何是好？这样的情况比起自己爽快地接受他人的意见难得多了。这个时候，不应该逼得他喘不过气，他人被你逼得走投无路时，只好抓你的毛病反击。如果你不懂得给对方留些余地，对方表面上可能表现得很宽容，匆匆地随便找个台阶下，但内心的煎熬却不像表面的那样，这种屈辱有机会他一定会讨回来。如果你能够遇到一位心胸宽大且真正欣赏你的人，这是你的福气，你要心存感谢。千万不要因为这样就趾高气扬地不可一世。《孙子兵法》中也说过，攻敌时要留一条退路给敌人，若是把敌人团团围住而不留一条活路，敌人在走投无路的情况之下只好决一死战，全力反击。

有句俗话说得好：得饶人处且饶人。人在有理的时候不要咄咄逼人，抓住别人的"小辫子"不放，而要有容人容事的胸怀。常怀宽容之心，实际上也是做人的一种美德和力量。史书载，战国时赵国的蔺相如以国家利益为重，一忍再忍廉颇的寻衅羞辱，他以"先国家之急而后私仇"的大境界，终使廉颇幡然醒悟，从而给世人留下"将相和"的千古美谈。应该说，宽容是双向的，于人于己都有益。如果一味苛求别人，得理不饶人，这样不但于事无补，也伤了感情。

因此，在与人沟通时，话到嘴边留三分，请把余地让与人。

【社交口才全知道】

交谈中，可以开些无伤大雅的玩笑。例如，语言上的误会，办事摆了个乌龙，等等，这一类的笑话，多数人都爱听。最好不要把别人闹的笑话拿来讲，会显得不敬。讲自己闹过的笑话，开开自己的玩笑，除了能够博人一笑之外，还会使人觉得自己很随和，很容易相处。

吸睛大法，用提问引起对方的注意

每个人的讲话习惯都不一样，有人惯用肯定的语气，有人惯用提问的方式。事实证明，在社交场合，巧妙提问也会起到很好的沟通效果。那么，在提问时应该注意什么呢？

1. 提问要有针对性

所谓针对性，包括三方面：适应谈话的场合；适应对方的年龄、身份、民族、文化素养、性格等特点；适应对方的心理。

在问答过程中，提问的人、提问的内容、提问的方式，甚至提问行为本身都会对被问人的心理产生一定的影响。提问人必须根据被问人的心理特点进行提问，这样才能达到提问的目的，收到较好的效果。

一位记者采访乡下一位老大娘，一见面就把"兴奋点"选在谈故乡上，抓住了大娘的心理，真是"钥匙投簧锁自开"啊。这样的提问使原本陌生的两个人之间迅速达到了心理相容和心理共鸣，也就搭起了沟通彼此心灵的桥梁。

2. 提问要有目的性

提问在交际活动中处于主动地位。一个"问"提出来，就决定了对方说不说、说什么、怎么说；也决定了双方的交谈程序和交际气氛。所以，"问"具有一种控制能力，提问艺术也包括了这种控制技巧。

（1）控制对方的回答

回答问题本来是被问人的事，但有时问话人可以在一定程度上控制对方的回答。

罗斯福在当选美国总统之前，曾在海军里担任要职。一天，一位朋友向他打听海军在加勒比海一个小岛上建立潜艇基地的计划。罗斯福向四周看了看，压低声音问："你能保密吗？""当然能。""那么，"罗斯福微笑着说，"我也能。"委婉含蓄的拒绝，轻松幽默的情趣，既表达了自己不能泄密的原则立场，又没使朋友尴尬、难堪，这种控制对方回答的提问产生了非常好的效果。

（2）控制交际气氛

两人问答时，气氛是紧张还是融洽，对交际效果很有影响。交际气氛可由提问的问题和方式来控制。如审讯犯人："你昨晚去没去会计室？""去过。""一个人还是几个人？""一个人。""去干什么？""偷钱。""偷没偷？""偷了。"运用选择问句的句式和严肃的语气，使气氛紧张，对罪犯心理产生压力，收到了较好的效果。

（3）控制自己由提问到表达的转变过程

有时人们提问不是要对方解疑，而是要对方听自己表达，这就有个由自己提问到自己表达的转变过程。有两种方法可控制这个过程。

一种是诱导提问法，即用一个问句诱导对方说出自己要他说的话，然后接过话头，表达自己要表达的意思。如：电车上，一位先生给一位太太让座。这太太一声不吭就坐下了。先生问："嗯，您说什么？""我没说什么呀？""哦，对不起。我以为您说了'谢谢'呢。"这位先生的提问是为了引出自己后面对女方的批评，显得含蓄而不失分寸。

另一种是步步设问法，即不立刻说出自己的观点，而是连续设问，让对方顺着自己的思路做出肯定的答复，最后服从自己的思想。

3. 提问的四个要点

（1）话题的选择

在提问中问什么？怎么问？话题的选择是一大关键。日本心理学家多湖辉曾经说过："要使对方乐于答话，莫如挑拣他擅长的来说。"其实，提问也是如此。比如一个人乒乓球打得好，你可以就对方擅长的发问，就像特意发了个使对方容易接的球，他当然乐意还击，一来一往，谈笑风生，畅谈不休。正是在这个意义上说，提问可称为"谈话的发球"。

（2）词语的选择

如饮食店的服务员问顾客："您今天要些什么？"而不问："您要些什么？"这个提问中加了"今天"两个字，虽看似无意，其实大有奥妙：因为他的提问就好像把顾客看成了老主顾，使顾客心里热乎乎的。

（3）句式的选择

提问句按句式分，有是非问、选择问、一般问、特殊问等几种，什么时候用哪种，这就有个选择问题。如有家咖啡店卖的可可里可以加鸡蛋。售货员就常问顾客："要加鸡蛋吗？"这样一问，就有的顾客选择了不加鸡蛋。后来在一位人际关系专家的建议下，提问就变成了："先生，您是要加一个鸡蛋，还是加两个鸡蛋？"通过这样的提问，就使顾客无论选择哪一种，都是选择了"加鸡蛋"，从而使销售额大增。

（4）顺序的选择

提问时的顺序也对对方的心理起到非常重要的诱导作用。同样一个提问，如果顺序一变，就会意思大变，结果也大不一样。比如，店主将"是您自己拿回去呢，还是给您送回去呢？"的问话改为"是给您送回去呢，还是您自己带回去呢？"结果顾客大都回答："还是我自己带回去吧。"这是因为，人们一般在听人谈话时往往注意后面的话，甚至多数人将一段话或一句话的最后一句当作结论性的话来看，所以，许多人在听到这种问话后就选择了后面的做法。这样，商店既达到了自己的目的，又不违背文明服务的原则。

【社交口才全知道】

富兰克林有句名言："良好的态度对于事业与社会的关系，正如机油对机器一样重要。"因此，如果你是一位品格高尚的人，不妨试着去发自内心地赞美一位与你正相互竞争的同学或者是同事，甚至举荐一位有可能位居你之上的职员给老板，这些都是一种更高境界的赞美。

制造气氛，用幽默留住听众的心

在现实生活中，过于严肃和枯燥的东西往往不易为人所接受，所以人们会想方设法把它变得灵活些、有趣些。在交际场合中也是一样，如果某个较为严肃、敏感的问题搞得交际的双方都很尴尬，甚至阻碍了正常交际的顺利进行，我们同样可以通过幽默的解说将其诙谐化，利用它把原来被它搞僵的场面激活，使交际活动得以顺利推进。

绝大多数人都喜欢说话幽默的人。幽默是一个人的学识、才华、智慧、灵感在语言表达中的闪现，是一种善于捕捉笑料和诙谐想象的能力，是对社会上的种种不协调及不合理的荒谬现象、偏颇、弊端、矛盾实质的揭示和对某些反常规言行的描述。

在通常情况下，真正精于谈话艺术的人，其实就是那些既善于引导话题，同时又善于使无意义的谈话转变得风趣的幽默者。这种人在社交场上往往如鱼得水、左右逢源，可算做社交谈话中的幽默大师。单调的谈话令人生厌，因此，善谈者必善幽默。但这种幽默，并不意味着对一切事物都可以拿来打趣。例如，关于宗教、政治、伟人以及关于某种令人同情的痛苦等，都是绝不能加以取笑的。在有的人看来，如果说话不够幽默，便不足以显示自己的聪明，这种想法又不免有些偏激。美国心理学家保尔·麦基认为，幽默感对于人的社交能力的发展起着举足轻重的作用。

我们在人际交往中，轻松幽默地开个得体的玩笑，可以松弛神经、活跃气氛，营造出一个适于交际的轻松愉快的氛围，因而诙谐的人常常受到人们的欢迎与喜爱。

但是，玩笑开得不好，幽默过了头则会适得其反，伤害感情，因此开玩笑要掌握好分寸，幽默要遵循得体原则。

1. 内容高雅

幽默的内容取决于幽默者的思想情趣与文化修养。幽默内容粗俗或者不雅，虽有时也能博人一笑，但过后就会变得乏味。而内容健康、格调高雅的玩笑所产生的幽默，不仅能给对方启迪和精神享受，而且也是对自己美好形象的有力塑造。

钢琴家波奇一次演奏时，发现全场有一半座位空着，他对听众说："朋友们，我发现这个城市的人们都很有钱，我看到你们每个人都买了两三个座位的票。"于是这半屋子听众放声大笑。

2. 态度友善

对人友善是做人的一个原则，也是幽默的一个标准。一般来讲，幽默的过程，是感情互相交流传递的过程，如果借着开玩笑对别人冷嘲热讽，发泄内心厌恶、不满的感情，那么这种玩笑就无法称得上幽默。

也许有些人不如你口齿伶俐，表面上你占到上风，但别人会认为你不能尊重他人，从而不愿与你交往。

3. 区别对象

生活中每个人的身份、性格、心情不同，对玩笑的承受能力也不同。同样一个玩笑，能对甲开，不一定能对乙开，能对乙开，也不一定能对甲开。一般来说，晚辈不宜同前辈开玩笑，下级不宜同上级开玩笑，男性不宜同女性开玩笑。在同辈人之间开玩笑，则要掌握对方的性格特征与情绪信息。对方性格外向，能宽容忍耐，玩笑稍微过大也能得到谅解。对方性格内向，喜欢琢磨言外之意，开玩笑就应慎重。对方尽管平时生性开朗，假如恰好碰上不愉快或伤心之事，就不能随便与之开玩笑。相反，对方性格内向，但正好喜事临门，此时与他开个玩笑，幽默的氛围会一下突现出来，效果也会出乎意料地好。

4.分清场合

美国总统里根一次在国会开会前，为了试试麦克风是否好使，张口便说："先生们请注意，五分钟之后，我们将对苏联进行轰炸。"一语既出，众皆哗然。里根在不恰当的场合、时间里，开了一个极为荒唐的玩笑。为此，苏联政府提出了强烈抗议。

总的来说，幽默要注意场合，在庄重严肃的场合不宜开玩笑。

【社交口才全知道】

一位语言学家曾说："同样的音调或语句反复出现时，常具有感化人的力量。"的确，每个人听到铿然有力的话语时，都会情不自禁地加深自己的情绪。而在每个人反复听到同一句赞美的话时，也会被感动。

含蓄表达，让每一句话都生动起来

古人云："言有尽而意无穷，余意尽在不言中。"在说话中，把重要的、该说的部分故意隐藏起来，或说得不显露，却让人家明白自己意思的手法，便是含蓄的手法。

含蓄，是一种修辞手法。它是指在讲话时不直陈本意，而是用委婉之词加以烘托或暗示，让人思而得之。而且越揣摩，含义越深远，因而也就越有吸引力和感染力。说话委婉含蓄，是一种艺术。之所以说含蓄是说话的艺术，是因为它体现了说话者驾驭语言的技巧，而且也表现了对听众想象力和理解力的信任。

在一个大型机场售票厅里，许多游客正在排队购票。

忽然，一位西装笔挺的绅士粗暴地指责售票员工作效率太低，浪费了他宝贵的时间，并自以为是地对售票员吼道："你们知道我是谁吗？"

面对绅士锋芒毕露略带威胁式的话语，售票员没有和他争吵，而是微笑着对别的旅客说："你们有谁能帮这位先生回忆一下，他已经不记得自己是谁了！"

旅客们顿时哄堂大笑起来，绅士则窘得满脸通红。

生活中有许多事情是"只需意会，不必言传"的。如果说话者不相信听众丰富的想象力，把所有的意思和盘托出，这种词意浅陋、平淡无味的话语不但不会使人乐，反而会使说话失去魅力。含蓄主要具有如下三方面的作用。

第一，人们有时在表露某种心事，提出某种要求时，常有种羞怯、为难心理，而含蓄暗示的表达则能解决这个问题。

第二，每个人都有自尊心。对对方自尊心的维护或伤害，常常是影响人际关系好坏的直接原因；而有些表达，如拒绝对方的要求，表达不同于对方的意见，批评对方等，又极容易伤害对方的自尊。这时，含蓄的方式常能得到既能完成表达任务，又能维护对方自尊的目的。

第三，有时在某种情境中，例如碍于第三者在场，有些话不便说，这时就可用含蓄的方式。

在什么情况下说话要含蓄呢？

1. 有些话不便直说时，要用含蓄的方式

传说汉武帝晚年时很希望自己长生不老，一天，他对侍臣说："相书上说，一个人鼻子下面的'人中'越长，命就越长；'人中'长一寸，能活百岁。不知是真是假？"

侍臣东方朔听了这话后，知道皇上又在做长生不老梦了，皇上见东方朔似有讥讽之意，面有不悦之色，喝道："你怎么敢笑话我？"

东方朔脱下帽子，恭恭敬敬地回答："我怎么敢笑话皇上呢？我是在笑彭祖的脸太难看了。"

汉武帝问："你为什么笑彭祖呢？"

东方朔说："据说彭祖活了800岁，如果真像皇上刚才说的，'人中'就有八寸长，那么，他的脸不是有丈把长吧？"

汉武帝听了，也哈哈大笑。

这种委婉含蓄的批评，汉武帝愉快地接受了。

2.有些话不必直说时，要用含蓄的方式

有人曾问美国总统林肯："你当总统的滋味如何？"林肯回答道："你听说过一个故事吗？有个人全身被涂上焦油并裹上羽毛，用火车运到城外。"这个人问到底："这滋味究竟如何？"林肯说："要不是为了这事的荣誉，我宁可走路。"真是说得含蓄、得体。一句话既不失当总统的荣誉，又使人体会到当一位大国总统的艰辛。

3.为了增强交际的效果，要用含蓄的方式

美国有一位传奇式的篮球教练，叫佩迈尔。他带领的迪鲍尔大学篮球队曾获得39次国内比赛的冠军，使球迷们为之倾倒。可是有一年，他的球队在蝉联29次冠军后，遭到一次空前的惨败。比赛一结束，记者们蜂拥而至，把他围个水泄不通，问他这位败军之主此时此刻有何感想。他微笑着，不无幽默地说："好极了，现在我们可以轻装上阵，全力以赴地去争夺冠军，背上再也没有冠军的包袱了。"

这便是说话委婉、含蓄的美妙之处。

【社交口才全知道】

关心他最亲近的人。任何人总是关心着自己最亲近的人，如果一旦发现了别人也在关心着自己所关心的人，大都会产生一种无比亲近的感觉。交际就可以利用人们这种共同的心理倾向，从关心他最亲近的人切入，拉近交际的距离。

社交小贴士：与陌生人搭讪妙法

与陌生人交谈的勇气并非人人都具备，但却可以逐步培养。其主要方法如下。

1. 自我暗示法

交谈前可做自我暗示，适当默念："慌什么？一句一句说！""急什么？自有办法可想！""怕什么？说不定对方比我更害怕呢！要勇敢，镇定地说出第一句！"

2. 自我信任法

相信自己能说会说，要做到：该说则说，该笑则笑，该问则问，自然大方。

3. 警句启迪法

牢记一些帮助你战胜胆怯、鼓足勇气的警句常常有很好的启迪作用。比如"勇气是男子汉的主要品性""大胆天下去得，小心寸步难行""永不听信你的惧怕"，自己先有一种坚信，然后用你全副的精神去做——成功的基础十有八九建筑于此。

4. 紧张情绪转移法

别总想：要和陌生人谈话了，该怎么谈呢？真急死人……要把这种紧张情绪转移到别的事物上去。比如看看室内的陈设，鉴赏一下墙上的名画、挂历，等等。紧张的心情自然地缓解了，交谈就能较轻松地进行。

与陌生人交谈，我们要牢记著名口才家伯瑞尖的精辟见解："讲话的才干，多是由练习得来的，很少是先天的赋予。"

后 记

社交口才是一种技能、一种艺术。通过良好的口才这一媒介，一个人可以成为社会交往中的主角，不相识的人可以熟识起来，长期形成的隔阂可以消失，甚至单位之间、社会集团之间、国家之间的矛盾有时也可以通过它得到解决。

然而，在人际交往中并非每个人都深谙此中深义。有的人说话轻车熟路，能闪烁出真知灼见，并由此给人以精明、睿智之感；有的人要么处于无话可聊、无人可谈的尴尬之境，要么跟老和尚念经似的索然无味、催人入睡；还有的人言语运用不当、啰啰唆唆地没完没了，既影响说话效果，又影响自己的社交形象，甚至导致交际失败。

口才最差的人可能就是喋喋不休的人。但现实生活中，这种人大多还认为自己口才一流。殊不知，言语的精贵之处在精不在多，抓住要表达的东西的精髓，把话说到点子上，把力量用在关键问题上，往往能达到一招制胜的效果。

　　1988年美国总统竞选，民主党在选民中造成了布什是毫无独立主张的这一印象，他们甚至称"布什是里根的影子"。在交谈时，民主党人总爱用挖苦的口气问："布什在哪里？"这个问题该如何回答才恰到好处呢？布什的竞选顾问、老资格政治公关专家艾尔斯，为布什设计了一个回答："布什在家里，同夫人巴巴拉在一起，这有错吗？"

　　艾尔斯为布什设计的回答颇具艺术性，为布什的政治家风度增添了不少光彩，这就是口才的力量。试想，如果你在社交场上遭到别人挖苦时，就马上给对方以迎头痛击，那将产生什么效果呢？也许你自认为是胜利者，可在别人眼里，你却是一个心胸狭窄、不善言辞的人。反之，在任何场合，拥有良好口才的人总是能赢得他人的好感，获得众多的支持和理解。拥有了良好的口才，我们便有了一笔受益终身的无价之宝。

　　语言大师林语堂有"语言的艺术"一说，意思就是，语言不是一般的工具，使用起来不同于其他工具。本书从实用的角度出发，用事例说话，熔理论指导性与实际可操作性于一炉，语言精妙，文字洗练，告诉大家怎样提高说话能力，成为最受欢迎的人。

　　要想在激烈的社会竞争中抓住成功机遇，必须做好三件事：一要有一个广泛的交际圈，二要对自己的交际圈充分了解并能够对人际信息进行有效的管理，三要对所积累的人际资源进行合理的开发与利用。

有的人习惯用薪水多少来衡量在公司是去是留，有人只看得眼前的工资收入，却看不到潜在的人脉资源和发展平台。事实上，一个职员在公司最大的收获不只是收入多少，更重要的是你通过社交结识了多少人，积累了多少人脉资源。这些资源不仅对现在的你有用，即使你就职别处，它还会发生作用，成为你终身受用的无形资产和潜在财富！